LOCUS

LOCUS

LOCUS

LOCUS

# mark

這個系列標記的是一些人、一些事件與活動。

**mark 190**
**用創意享受銀髮人生：**
**《最後14堂星期二的課》墨瑞教授談老年智慧**
作者：墨瑞．史瓦茲（Morrie Schwartz）
編者：羅伯．史瓦茲（Rob Schwartz）
譯者：張瓊懿
責任編輯：潘乃慧
校對：呂佳真
封面設計：許慈力
出版者：大塊文化出版股份有限公司
105022台北市松山區南京東路四段25號11樓
www.locuspublishing.com
讀者服務專線：0800-006689
TEL：(02)87123898 FAX：(02)87123897
郵撥帳號：18955675　戶名：大塊文化出版股份有限公司
法律顧問：董安丹律師、顧慕堯律師



總經銷：大和書報圖書股份有限公司
地址：新北市新莊區五工五路2號
TEL：(02) 89902588　FAX：(02) 22901658
初版一刷：2024年2月
定價：新台幣400元
Printed in Taiwan

《最後 14 堂星期二的課》墨瑞教授談老年智慧

# 用創意享受
# 銀髮人生

## THE WISDOM OF MORRIE

LIVING AND AGING CREATIVELY AND JOYFULLY

MORRIE SCHWARTZ 墨瑞・史瓦茲——著
ROB SCHWARTZ 羅伯・史瓦茲——編
張瓊懿——譯

# 目次

# 序

二〇〇〇年代初期，在父親去世的多年後，我重新發現了這份書稿。它被放在我們位於牛頓維爾（Newtonville）的家（門口有楓樹的那間房子），父親書房的抽屜裡。家人經過了許多討論和考慮後，決定我應該編輯這本書，並讓它有機會發表出版。

父親當時大概以為這本書是他對人們最後的貢獻了，完全不知道之後會有《最後14堂星期二的課》問世。但是那些熟悉米奇．艾爾邦（Mitch Albom）傑作的讀者，會在這本書認出父親的思維。父親最關注的，依舊是如何讓大家活得更好。他提出一些非常實用的技巧和方法，讓老化過程有創意、有活力，而且充滿喜悅。

我很榮幸，可以在父親寫這本書的時候（詳見後記），坐下來跟他一起討論這些想法。那是一九八九年的春天和夏天，我之前在亞洲待了好長一段時間，才剛回到家。從一九八八年中到一九九二年中，父親構思了這個書寫計畫。我們有機會深入探討他想要傳達的想法，這對於我現在繼續推動這個出版計畫是非常寶貴的過程。

我編輯時的重點之一，是保留父親獨特的語氣。這本書夾雜了父親的兩種溝通方式：既是學術和哲學性的，同時又平易近人，充滿個人的關懷。我希望這樣特殊的混合文體能保留下來。

父親非常有先見之明，可以洞察幾十年後被更廣泛接受的趨勢。他想要創造個人價值不受年齡影響的社會環境。個人心理狀態是他畢生關注的重點。就如同最高法院在一九五四年具指標意義的布朗訴托彼卡教育局案（Brown v. Board of Education，譯註：美國最高法院就「黑人與白人學童不得進入同一所學校就讀」的爭執，認定種族隔離在本質上是一種不平等，判決公立學校的種族隔離違憲）的判決，被排擠、自認不如社會主導者的人們的心理傷害是無法彌補的。父親見到年長者或老年人被迫接受自己不如他人的現象，於是希望藉由這本書糾正視聽。

心理層面（觸及父親的專業和學術訓練）是這本書的背景。父親希望提供實用的技巧，幫助大家保持活躍且充滿活力的生活。有一些建議可能是大家所熟悉，例如使用笑聲的方法（第四章），最近經常被提及。另一個貫穿這本書的概念，則是佛教的正念。

這本書的插曲寫法讓它顯得更吸引人，也更有趣。父親認為，個人真實故事的小品和插曲是這本書的核心。

雖然這本書與《最後14堂星期二的課》都強調人道主義和愛無差等，但是兩者截然不同。米奇的著作非常簡潔，著重在父親的哲學觀、社會觀和個人價值。這本書則更具論述性，父親提供許多實例和故事來闡明他的觀點。在某種程度上，這兩本書的相異之處，讓它們成為書櫃兩端遙相呼應的兩部作品。我認為父親會感到非常高興，因為這反映了他最喜歡的哲學模式之一：**反向的張力**。

能夠替父親呈現他的想法，對我來說是莫大的榮幸。這是他在病倒之前最後一項重要的寫作計畫。我在這些書頁上遍處聽見他的聲音，有時彷彿回到我們在牛頓維爾的書房，一起討論這些見解。「沒有人會被迫在『有創意地老去』這項志業退休。」

——羅伯・史瓦茲，二〇二一年六月於麻州布魯克萊恩

# 前言

晚年是一個很特別的發展時期，伴隨而來的是對老化特有的限制與機會。但是它也可以是你人生最重要的階段，願意的話，你可以在晚年做相當多的改變。有些人認為老化是一連串惱人的過渡時期，許多我們過去以為理所當然的事都不再理所當然了。如果你只是把焦點放在你的老去，為它震驚、羞愧、沮喪、害怕，又或是無法接受這樣的身分轉變，就很難把力氣集中在好好地老去。相反地，如果你可以從容面對自己的老去，把它視為一種挑戰，便可以試著克服老化帶來的問題，幫助你發展成你該有的樣子。

變老是人類的本質。有幸度過中年之後，我們無可避免得去面對一些經歷，當中有失喪，也有契機。除了一些個人的特殊狀況，我們都面臨一些相同的挑戰和選擇。我們是不是能克服面對死亡的恐懼，或一味地否認、試圖逃避它呢？我們是否還願意嘗試滿足最深切的需求，或者已經放棄了呢？是不是能持續發展出智慧，抑或已經陷入絕望呢？是準備「輕柔地步入良夜」（go gentle into that good night，譯註：英國詩人狄倫・湯瑪斯〔Dylan Thomas〕的同名作品，意在鼓勵晚年的父親力抗生命的消逝，依然活出生命的力量），還是排除所有攔阻，緊緊抓住每一線生機？工業化的現代國家把老年視為沒有用處的累贅，但世界上其實有許多地方的文化將晚年視為一段充滿意義、轉化、靈性和喜悅的時光。我相信這是我們做得到，也想要做到的。

最近，報章書籍或大眾媒體上有愈來愈多文章和預示指出，我們應該調整我們對老年人的觀點，以有別既往的方式和老年人相處、「使用」他們，並賦予晚年新的展望，期許它是一段有成就、有高潮、有創造力的時光。猶太神學家及哲學家亞伯拉罕・赫歇爾（Abraham Heschel）表示：「我們應該在老年把握內在成長的機會，而不是將它視為成長停滯的時期。」[1]我們有充分的理由相信，我們的人生可以因為從事最有意義、

1 Abraham J. Heschel, *The Insecurity of Freedom* (New York: Farrar, Straus and Giroux, 1955), 78.

最有價值和最充實的活動，在這個階段達到它的顛峰。在新聞報導或是生活中，我們不斷聽到那些「晚年有成」的美好事蹟。所以，為什麼要在這個時候停止發展新的觀點、尋求新的視野、敞開胸懷迎接意想不到的事物、尋求新的刺激，以及想要充分活著的強烈渴望呢？沒錯，我們年紀是大了，但是沒有道理攔阻自己透過更寬闊的意識、更深的情感，以及對自我的尊重，來提升生活品質。我們可以發現自己究竟是什麼樣的人，發掘自己有潛力成為什麼樣的人，同時探尋一個更完整的自己是什麼模樣。我們可以帶著信心，相信自己可以大幅改變生命的樣貌，努力追求從未料想過的目標。我們可以像榮格(Carl Jung，譯註：瑞士心理學家、精神科醫師，分析心理學的創始人)所說的：「一個人成長和自我實現的最大潛力，出現在人生的後半段。」[2]

年紀大最棒的事，是不再有人盯著你，告訴你該做什麼。我們能自由運用的時間比以前多了。面對挑戰時，外來的獎勵和懲罰減少了，現在我們只能自己獎勵自己或懲罰自己。然而，我們可以創造一個合乎實際又展現冒險欲望的生命，從中感受內在的滿足，並藉此擺脫那些認為我們的日子已經結束、現在的我們既沒用又沒價值的老年歧視。**沒有人會被迫在「有創意地老去」這項志業退休。**

現在應該是處理那些牽累我們、妨礙我們好好老去、阻止我們成為最好的自己的議題。我希望這本書可以幫助你用最好、最有意義的方式來完成這件事。在這本書中，我將和你分享過去這些年收集到關於老化的見解。我擔任社會學教授四十年所累積的心理學和社會學知識，以及我對人類關係的理解，都對寫這本書有很大的幫助，而我與朋友、同僚之間的談話也是如此。除此之外，我還借鑑了我跟老年人進行的諮詢工作、以老化問題為重點的心理治療小組討論，以及關於老化的一般性文章或學術文獻和老年人自傳。我也特別引用我對自己老化的觀察與反思，還有步入七十歲後的經歷。

我相信，試著成為最好的自己、好好老去，並與我們面對的議題達成和解，是晚年最重要、也最值得努力的目標。我們可以透過追求那些尚未達成的理想，來發揮更多的潛力。在這個努力過程中，我們可以學習讓生活變得更有效力、帶來更多的喜悅，並且選擇我們想要的生活。我無法告訴你追求目標時，應該採用什麼確切的計畫，走什麼途

2 Bruce Baker, MD and Jane Hollister Wheelwright, "Analysis with the Aged," in *Jungian Analysis*, ed. Murray Stein (La Salle, IL: Open Court, 1982), 256-274.

徑或特定的流程，因為每個人的生命都是獨一無二，沒有一套改善生命的方法是所有人都適用。但是我會提供一些追求上述目標時可參考的方法。我相信在為自己的目標努力時，你也會找到推動自己前進的方式。

雖然這本書的主要對象是六十五歲以上的人們及退休人士，但它也適合想要知道「如何度過餘生」的讀者。中年人可以藉此預覽自己的未來是什麼樣子。他們會發現，其中有不少因素與目前的生活息息相關；此外，在努力理解並更適切應對老化中的父母時，我們會學到許多。這本書也適合老人住宅中心和社區居家照護單位的領導者；他們可以針對伴隨晚年而來的機會、挑戰和難題進行小組討論。當然，沒有什麼人會因為太年輕，不能開始為自己的晚年做打算，或從這本書獲益。

我希望這本書適合各種背景的讀者，因為老化的過程也受我們的背景影響。例如，一個從未到公司體制工作的人和一個工作多年被迫優退的人，晚年的經歷勢必不同。同樣地，一個年輕時曾經失能或是患有嚴重疾病的人跟身體沒什麼毛病的人，來到老年也會有不同的經歷。這些差異都會影響我們的老化，以及老化過程中面對的問題。讀這本書時，請多留意那些與你的經驗相關的地方，並發揮你的想像力。

每個作者都喜歡細心的讀者，我也不例外。我希望你不要草草瀏覽這本書。慢慢地讀，仔細思考每個議題，從各個角度看它、跟他人討論，甚至在讀書會互相交流。和你的朋友、同儕和家人一起討論也很重要。記錄他們的想法和反應，或許會對你有幫助。給這些想法應有的時間和思考。這是一本深度探索自我的書籍。它可以幫助你反思你的晚年，以及伴隨而來的各種豐盛的機會，幫助你改變你想要改變的態度和行為。

# 1 覺醒

我清楚記得驚覺自己已經是個老人的心情：先是錯愕，接著是困惑，再來是沮喪，然後梳理心情，**最後**緩和下來，以及最重要的——接受它。

一九八四年五月我六十七歲，在那之前我極少生病，所以我不怎麼去想生病、變老，或是社會安全局已經正式把我歸類為「老人」這些事。我不把自己當作老一輩的人，而且無意中還帶著一種對年齡的偏見，認為變老意味著衰退、「在走下坡了」，所以老人不值得稱羨。誰想變老啊？我連被認為老都不願意。

我在大學任教，周圍都是年輕人，大部分同事的年紀也比我小。除了少數幾個例外，我在校園外的朋友也比我年輕許多——那幾個例外都活力十足，看起來「比實際年齡年輕」。當時，我身體健康，朝氣蓬勃，積極參與各種活動，對於外表和行動都比實際年輕這一點感到非常得意。當心臟科醫生告訴我，我的動脈年齡跟二十歲的小夥子一樣時，我自認年輕的想法再度膨脹。因此，我這輩子大多數時候都在密謀強化我的「年輕」形象，對於自己距離七十歲生日不遠矣的事實視若無睹。這樣逃避歲月流轉的結果，意味我很少去想那些隨著年紀增長得面對的問題。你可以說我是個天真的老人，不諳變老這件事——正是我們文化吹捧年輕人、蔑視「老年人」的受害者。

但這一切在一九八四年的春天突然改變了，宛如**一聲巨響**，我開始受到嚴重的氣喘所苦，還動了前列腺手術。我對這些疾病毫無心理準備；前者正在往慢性病症發展，後者則是上了年紀的男性常有的困擾。轉瞬間，我的身體逼得我不得不服老，一場危機就此引爆，到後來我對自己的身分認定也不一樣了。認清實際年齡的苦澀，以及因衰老而脆弱的身體，讓我不知所措，深受打擊。

我意識到事態緊迫，得振作起來，並弄清楚最好怎麼度過餘生。我的結論是我要追求三個目標——三個讓我們在晚年都能受益的目標。我要健康地變老，所以必須保持良好的身體狀態。於是，我開始游泳，注意飲食，服用營養補充劑，每星期做一次深層按摩，同時以針灸治療減緩氣喘帶來的影響。在心理方面，我試著定期靜心冥想，更加關注家人和朋友，並且留給自己放鬆和獨處的時間。另外，我也試著避開令人不愉快的人際關係和情境。最後，我正視面對死亡的恐懼。

生病讓我更深切地意識到，面對老化和最終的存在問題時，我必須留意可以提高生活品質的方法。

於是，我、一個六十七歲的人，開始在暮年學著老去。愈是思考這件事，我就愈是驚奇於我對老年的誤解。然而，頻繁發作的氣喘經常打亂我的思緒。每次發作完後，我便會對自己的不幸和殘弱的身體產生怨念，然後陷入深深的絕望，痛斥身體的背叛。抑鬱之中，我渴望回到生病之前的我。隨著病情好轉，我再度滿足於教學、諮詢和心理治療工作。能夠「恢復正常」、相對自在地呼吸、重返從事幾十年的工作，似乎就是一種祝福。等到症狀完全控制住，身體擺脫束縛後，我對未來的期望也隨之飆升。我開始思考，我要我的老化是一件有創意的事，是一場冒險，是學習新技能、發展新興趣、維繫並加深人際關係的機會。

經歷疾病的不同階段，用一種情感強烈的方式，讓我意識到疾病是如何影響我的感受、抱負和身分認定。在生病的第一階段，我感到沮喪、意志消沉，因為覺得自己是個沒用的人而感到愧疚。第二階段，我稍微覺醒了，發現自己可以從容面對，有時也更有活力。到了最後一個階段，我又可以帶著熱情，積極投入生命長河。意識到自己正在變老之後，我發現自己還有未開發的潛能要實現，開始留意自己對老化的感受與態度，並把發生在自己身上的事記錄下來。

生病促使我思考幾個重要問題，我相信這也是其他處於晚年的人會問的問題：我能好好老去嗎？我該如何面對自己的死去呢？我要如何保持樂觀，做一個正向的人呢？

雖然飽受氣喘的折磨，我還是持續在大學教書到七十歲才退休；諮詢工作則是繼續進行。退休之後，我面臨到「該怎麼度過餘生？」這個問題。我不想讓心理治療工作成為我的主要活動，但我需要一件讓我有動力、可以激發熱情並帶來挑戰的事情可做。有個朋友建議我寫一本關於老化的書，不僅對我自己也對他人都有益處。於是，這本書誕生了……

儘管在我的生命中，精神層面的正向轉念和生理健康狀況的改善是相呼應的，但我不認為我們需要處在絕佳狀態，才能茁壯成長、好好老去，或是成為最好的自己。資金匱乏、疾病或身體上的障礙，確實會影響我們老化的狀態，至於影響有多大，則取決於貧窮、疾病或身體失能的嚴重程度，以及個人的決心。若不是處於極端的逆境，總有方法可從生活中獲得滿足，就像這篇一九九二年七月十九日刊載於《波士頓環球報》（*Boston Globe*）的文章所要表達的。這篇文章講述一位八十一歲的老人儘管有生理上的障礙、疾病和失喪，卻憑著決心持續成長，好好老去。

## 八十一歲的畢業生以行動證明學無止境

在兩個孩子和三個孫兒輩的見證下，八十一歲的雅各．布里茲坦（Jacob Blitzstein）從高中畢業了。

校長蘭尼．內姆斯（Lanny Nelms）頒發畢業證書時，公布了他的年紀。布里茲坦向觀眾揮手並流下了眼淚。

必然如此。他極可能是中央高中自一九七四年建校以來，年紀最大的畢業生。儘管沒有確切的紀錄，一位洛杉磯地區的發言人表示，布里茲坦是他所知最年長的畢業生。

他花了十年才拿到這張畢業證書。過程中，經營商店退休的他經歷了兩次中風、兩次肺炎，裝了兩個心律調節器，還失去了妻子和兩名手足。

他堅持做這件事是有原因的。他說：「學校是『最佳良藥』，讓你的大腦有事做——有個目標。」

其實早在一九二〇年代，他就在祖國烏克蘭完成了高中學業和部分猶太研究課程，不過布里茲坦表示：「我一直想要繼續學習。

「居住在美國這樣的國家是最好的人生經歷，我想要認識它的歷史。我讀報紙，但還是不夠。

「所以我去上高中，決定不管發生什麼事，我都要拿到文憑。我不知道自己會不會在過程中生病或死去。」

布里茲坦活得好好的；他在考試和作業上的表現優異，是八十九級班拿到完美成績的兩名學生之一。

他決意取得學位，但是反覆生病帶來的壓力，也讓他不時動搖。

「中風後，我必須重新註冊。」他說道：「我的手抖得很厲害，沒辦法簽名。我心想，該是我退場的時候了。

「但是輔導員握著我的手說：『雅各，沒事的。別擔心，我替你簽。』」

畢業典禮上，他用顫抖的手激動地和台上的重要人物握手，沒發現台下的學生全體為他起立鼓掌。他事後說：「我是後來聽我兒子說，才知道的。」

不過在台上時，他頭腦倒是很清楚地詢問現在幾點了。為了讓布里茲坦來得及在日落前回家守猶太安息日，學校準時在傍晚六點半開始舉行畢業典禮。

典禮結束後，布里茲坦和大約十名想跟他合影的學生拍了照，便立刻離開了……

拿到畢業證書的布里茲坦，堅稱這件事還沒結束。

「我還要上大學。」最近他這麼告訴一位訪客。他研究了西洛杉磯（West Los Angeles）和聖莫尼卡（Santa Monica）的社區大學，打算先就讀再轉學到四年制的大學。

「我不是在開玩笑。」他說道：「如果我能活到二〇〇〇年，說不定就可以當上醫生了。」

## 對老化的恐懼

在氣喘發作和撰寫這本書期間，我是多麼害怕老去！我對未來的不確定與不可預知感到恐懼。我知道將來必須面對的痛苦、折磨和失能，都來自同樣的原因：變老。我厭惡衝著我來的負面態度和行為，只因為我老了。

和三、四十年沒見面的朋友相聚時，我很震驚，心中不由自主地戰慄著。我發現他們老態龍鍾，失去從前的敏捷與活力，個個鶴髮雞皮、體弱力衰——垂垂老矣！有時候，我幾乎認不出他們了。我很難過，也很同情他們，然後不禁揣想，他們看我是不是也是如此。回想過去，我發現我很避諱老年人。不得不跟他們接觸時，會讓我有些不快或不安，而我自認是個寬容、不帶偏見的人。

平常的聊天或小組談話中，我發現許多人跟我一樣，不喜歡這種變老，或是被認為是「年長者」的想法。我問七十五歲的珍，她第一次覺得自己老了是什麼時候。她憤憤地回我：「我才不老，也不覺得自己老了。」對她和許多人而言，「老」這個字帶著負面的意思，因此他們拒絕跟「它」扯上關係，要不是否認自己已經步入老年，就是無視於它，覺得這件事只會發生在別人身上，不會發生在自己身上。有些人會試著從外表或行為，來讓自己看起來年輕一點——男生會從事激烈的運動或跟年輕一點的女性來往；女生則會染頭髮或做整容手術。然而，對於承認自己老了、將自己定義為「老年人」，或是我提出在晚年挑戰自己、發揮潛力或許有其價值的建議，則是毫不感興趣。這裡，我再次見識到我們這些老年人自己在行為或思想上對年齡的歧視。

這種年長者貶低年長者、看輕自己的現象不足為奇，因為我們的老年歧視態度根深柢固、無意識且普遍存在於我們的社會。就像其他社會小群體一樣，我們將老年歧視的觀點內化了，以至於我們不再期望或是被期望過一種有用、有成效、有創造性的老年生活。這樣的老年歧視就像疾病一樣，令人委靡不振。

藉著跟自己的老年歧視態度達成和解，我們可以學會認同自己、接受自己，甚至喜愛身為老年人的自己。我們會發現，老年歧視的態度和行為讓年長者感到更不安、惶恐、羞愧，更不像個人。但是我們理當感到自己是有價值且具存在意義，並不是年紀雖大、但仍有價值，而是**正因為**年紀大才有價值。克服老年歧視會讓我們懂得尊重自己，每當老年歧視露出醜陋的頭角時，都能即時將它摘除。

## 動力

面對晚年時期的挑戰，我們需要強大的動力來源，來提供我們在老化、失喪和疾病當中追求目標所需的能量。動力是行動的靈感，也是讓我們付出努力並專注行動的驅動力。它驅策我們去嘗試、肯定自我，消除我們的不甘願、反抗力、疲倦、惰性、恐懼和焦慮等情緒。

我們當中有些人，除了擁有高動力之外，還具有無止境的能量。但是在某些人，這種堅持下去的能力並不穩定：時而做得到，時而做不到。還有一些人，則是很難提起動力，苦尋不到自己所做的事有何意義。想要擁有源源不斷的動力和伴隨而來的能量，必須相信自己做的事情是有價值的。

不論我們的動力程度如何，每個人都具有生命力、生活的能量、想要採取行動及活下去的欲望，並且對他人、對世界抱持熱情。這種力量，可以幫助我們克服面對艱難或不可能任務的阻力。有時候，這樣的生命力量可能會被困縛，等著被釋放。它可能試著突破，至於能不能發揮出來，則取決於我們。我們必須想辦法將它釋放、激發出來，喚醒它、駕馭它。想要好好地老去，我們就得借助這樣的生命能量，熟悉它並滋養它，讓它成為我們追求目標和夢想時一股持久的力量。

想要認識這股動力的本質時，我們得提出正確的問題。什麼讓你在遇到困難時，迎面而上，不退縮？什麼促使你想要理解自己的感受，並與他人連結呢？什麼讓你覺得自己有必要為某項行動計畫扛起責任，或者回應他人要求你採取行動的請求？什麼吸引你投入你置身的世界——參與計畫、迎接挑戰、抓住機會，並利用這些機會做點什麼事？什麼驅使你從事創造、維護自己的主張，並產生理想的抱負？簡而言之，是什麼挑動你內在的熱情呢？

做一件事時，你一開始的動力是不是高過結束時的動力呢？你倚賴的是外界或是內在的激勵呢？還是兩者皆有？你的動力從哪裡來，你是如何增強它，確保它源源不斷？

你的動力是隨時可以汲取的嗎？強度上有變化嗎？會因為事情、環境或牽扯的人而異動嗎？這是能量消長的問題，只要給予時間就會恢復嗎？

你的動力受到哪些因素的影響呢？

……任務或計畫的性質？
……預期的目標？
……你當下的生理、情緒和心理狀態？
……這麼做是否可以得到回報？
……是否有想要取悅的人？
……這件事情對你的重要性？
……如果沒有執行這項工作或承諾，你會怎麼懲罰自己？

❖

八十七歲的經濟學教授大衛令我印象非常深刻，我告訴自己一定要跟我兒子羅伯說說他的事。在一場嚴重車禍後，大衛展現了無比的動力。即使仍在復元期間，他還是為他寫的一本書舉行了兩次簽書會，而且堅持自己安排所有事宜。他後來告訴我：「我很怕自己沒有做好這件事的體力。我擔心自己的信心不夠，怕自己不能完成任務。但是我鼓勵自己放手去做。我做到了，而且結果很不錯。」

他解釋道：「我對自己的期待非常高。我告訴自己：『我期待你可以克服困難，擁有一番成就。』我必須不斷跟自己對話，但我也不見得都聽得進去。出車禍後，我必須強迫自己下床、盥洗、吃早餐，然後做點事情。」他又說：「我抱著一種清教徒的態度。完成該做的事，不拖延、不推遲。我告訴自己：『這樣不但會讓自己生氣，而且你知道最後還是得去做。』」

大衛接著回想：「擁有一股衝動卻什麼都做不了，只能等它消停，這從心理健康的角度來看是極為糟糕的事。一陣子過後，你就不再有衝動或欲望了，因為你知道自己不會為它採取行動。衝動會消逝、會磨滅，最後空留一堆沒能實現的欲望。這將成為你未來再次面對衝動時的障礙。一旦形成一種模式，就會帶來更多破壞，所以我必須不斷鞭策自己。」

當我問大衛，他這種提升生活的動力是從哪裡來的，他說：「我想是因為我真的很熱愛生活。生活總是可以讓我感到興奮，即便是很小的事也能令我很愉快。這些小事讓我與人維繫關係，而我喜歡與人交流。」

# 2 情緒上的平衡與調節

年老的關鍵任務在於平衡，是真正像在走鋼絲那樣的平衡；要保持足夠的健康、勇敢、快樂和好奇，還要足夠的誠實，才能持續做一個有知覺情感的人。

——《我的壽命》（*The Measure of My Days*），美國心理學家暨作家弗羅里達·斯科特—麥斯威爾（Florida Scott-Maxwell）

念高二的時候，我的法文老師要我們寫一篇文章，題目是「生命中最美的時刻是什麼時候？」我立刻就有了答案：「當然是年輕的時候。」一到了二十多歲，我讀了一本標題為《人生從四十歲開始》（*Life Begins at Forty*）的書。我認為這個標題既詭異又不切實際。我不懂為什麼有人會覺得生命是從四十歲開始，到了那個時候，生命明明就要結束了。但是當我回頭看這些根深柢固的老年歧視態度時，反而不懂當初自己怎麼會毫不遲疑地那麼認為。我發現我完全無視晚年仍可以擁有美好生活的可能性，以及我有多麼害怕及蔑視老年。現在我弄明白了，生命最美好的歲月，就是我正活著、正在創造和經歷的**當下**。

很多我過去在生理上習以為常的事，都不再理所當然了。許多事都變得困難了，而且年紀愈大就愈困難。看東西和聽東西變難了，走路變難了，呼吸、起身行動和保持行動變難了。保持清醒、集中精神、維持體溫、記得剛才做過的事、認人、知道誰是誰，也變難了。入睡難、熟睡難，早上起床也難。在曾經熟悉的街道上找不到路，處理不來複雜的事務，無法保持警覺。取而代之的，是更多必須忍受的愚蠢和破壞。

但是有一位七十歲的以色列婦人卻這麼告訴我：

> 我發現所有的事都「變輕」了。我的擔子沒那麼重了，決定性的事少了，彷彿所有「重大」的決定，不管是好是壞，都是很久以前的事，都過去了。

我還發現，隨著年紀增長，我的社會壓力變小了，特別是身為女人卻沒有結婚生子的我。對我而言，退休後雖稱不上喜悅，至少令人欣慰的事之一，是我不用再為了工作成就，或單單「擁有」工作這件事感到憂心。我現在做的事跟「事業」再也無關。不管是好是壞，保有工作這件事都被我拋在腦後。我可以說，我現在做的全是「職業領域以外」的事。我不再擔心別人會根據我如何完成分派到的工作，或被要求的工作成果來定義我。或是以任何方式來「評價」或「評估」我。現在，除了我自己，沒有人可以對我發號施令。

就像這位女士，我也發現有些事情變容易了。我變得更容易失去耐心，感到不耐煩、受挫或挑剔。容易覺得累，容易掉東西。然而，也更容易發現這些負面反應並適時打住。我的胸襟變寬大了，比較有人性，比較善解人意，也比較有同理心。看事情更清晰了：對自己、對人際關係都看得更透徹，對人性和人的境況也更明白。除了極少數例外，大多數人都是既善且惡，既具有建設性，也具有破壞性，對自己如此，對他人也是。我們會根據自己被對待的方式，還有所處的社會情況來決定要展現哪一面。

下面是我曾經經歷過的情緒起伏。當中的矛盾與衝突，相信是許多人共有的經驗。

## 激情與絕望

我曾經對生命感到灰心與絕望，但也曾經擁有決心與熱情。曾經——特別是在我病重的時候，我想過就這麼認輸放棄。在那些黑暗時刻，我覺得最好的歲月已經過了，為什麼要以次等的效率活著呢？看到一些可怕的事，像是讓人痛不欲生的癌症或阿茲海默症發生在我認識的老人身上時，我不斷地安慰自己，告訴自己這些事不會發生在我身上。在每次感受挫敗和疲憊後，我再次回到戰鬥狀態，繼續做自己，做我必須成為的人，並為我即將成為的人而努力。於是，對於我正在做的事和明天要做的事、現在擁有的人際關係和正在發展的人際關係，以及我內在的成長與洞察力，我再度充滿熱情。

## 安全感和缺乏安全感

在我的身體因為生病變得脆弱時，我的不安也隨之加劇。當下必須應付的病症，以及未來可能出現的疾病的不確定性，為我帶來巨大的威脅。我的大腦敏銳度無疑會隨著時間降低，我還有多少時間可以保持獨立自主，追求自己想要做的事呢？我還能活多久？以什麼狀態活著？我的生命會怎麼結束呢？思考並經歷這些不可知的現實，讓我焦慮不安。我想要預測這些不可預知的事，並做好迎接它們的準備。但是另一方面，我也覺得更有安全感，更完整了。我覺得完整，是因為我的目標更清晰了；我的價值觀，以及我的生命即將邁向的結局，顯得更明確了。我的人生觀點更加寬闊。對於什麼是重要的、什麼是不重要的，我有更強烈的感受，也更有把握。此外，我的安全感還來自於我自認更有應付逆境的能力。同時，我還為自己安排了特定的例行活動，例如，我會定期拜訪親友、規律運動、保持幽默感、看書、寫作和教書，除此之外，我還練習冥想，並和有相同興趣的一群人經常聚會。這些例行活動支持我，讓我在大部分時間都能保有某種程度的安寧和內在平靜。

## 感覺我的變老與不老

發現我有多麼不願相信自己老了，或是在承認自己老了卻想無視時，我有點驚訝。有時候，我知道自己確實老了：像是感受到前所未有的疲倦，而且這種疲倦會持續一陣子，然後又莫名其妙地消失；或是當我想要盡情地跳舞，但是前一晚沒睡好，跳一會就累了。我得不斷提醒自己，我已經七十六歲了。想起來時，我不敢相信自己竟然活了這麼久。有時候，我覺得自己在精神上還很年輕，彷彿時間暫停，年輕的我仍在某個隱祕之處逗留。我的精力充沛，走起路來健步如飛，而且充滿熱情與活力。每次有人指出，我看起來老了、頭髮白了、身體有年紀的時候，我經常會很驚訝。為了說服自己確實來到了這把年紀，我必須告訴自己：**接受現實。你的大部分生命已經度過，幾乎要結束了。**過往如雲煙，轉瞬即逝！在步入生命尾聲之際，我還想要更多的時間——很多的時間。然而，恐怕我的時間永遠不夠，於是我開始思考要怎麼好好使用剩餘的時光。

## 誠實與自欺

我的晚年是誠實的，特別是對我自己（現在不誠實，更待何時？）。所以我試著去面對我存在的真相，特別是我對自己的幻想，以及在我身上和周圍發生的事。然而，不管是逃避跟自己或跟他人有關的殘酷事實，顯然都有它吸引人的地方。就像不去揭露社會交際、政治和人際關係的虛偽和欺騙，反而更容易一些。我想要坦誠地面對關於自己的事，很多時候卻掙扎不已。

我必須抵擋迴避自己黑暗面的誘惑。有時候，我的所思所想，連我都不願意對自己承認。有人跟我意見相左時，我會對他產生敵意。有人自鳴得意時，我會在心裡詆毀他。有一天，我發現我在讚賞一個年輕人時，同時也在嫉妒他。探究我的嫉妒之後，我發現我之所以嫉妒他，是因為他比我健康、有活力、強壯。還有，他剩下的日子比我多。我的嫉妒根植於這樣的差異。某個我認識的人去世了，在為他感到難過之餘，我慶幸那不是我。或是，我發現自己對某個人的疾病或痛苦無動於衷，特別是我不喜歡那個人，或是我在擔心自己的舊疾復發時。或是反過來，我為某個人的好運憤憤不平。或者，我對年紀與我相仿，但生理狀況或經濟條件比我好，或在社會上比我成功的人產生反感。我為懷有這些「壞」念頭感到內疚或羞愧。因為這樣，我開始不喜歡自己或是瞧不起自己。然後，我想起這些都只是念頭而已，是我內在的感受，是每個人都會有的，所以我不需要感到內疚或採取任何行動。這些黑暗面很容易逃脫牢籠，不時闖入我們的意識中，特別是在生活不如意，或是覺得自己來日不多時。若要減少受這種不必要的想法或感覺的影響，一個對我有用的方法就是承認它們的存在，做好它們時不時會出現的心理準備，然後把它們視為自己的剝奪、匱乏與不滿的表露，因為隨著年齡增長，這是不可避免的。藉著認清並承認自己的黑暗面，而非企圖掩藏，讓我更能掌握自己的表達與行動的方式。

我肯定有自己未能察覺的限制或是自欺欺人之處。我知道有些內心狀態或行為是我不想面對的，因為它們太教人痛苦了。但是我決心試著按自己的理想行事，盡可能地真誠，對自己和跟我有關的人極度地誠實。我試著認清那些推諉、藉口，以及想要走捷徑的衝動。在與真相對峙時，不誇大、合理化或浪漫化我的所作所為，也不低估或貶低自己。我試著找出事情真相，清楚明白地向自己或他人陳述。但是尋找真相不是一件容易的事。真相可以有許多面向和不同的層次，當中可能有錯綜複雜與矛盾之處。除此之外，有些真相是片面的，而非完整或全面的，還有些真相被修改或玷污過。儘管有各種限制，我仍認為持續尋找真相是必需的。

因此，我問自己這些問題：我到底是誰？我做了什麼事？其中哪些事是既有益又有用的？我相信什麼？為什麼？我有多瞭解自己和他人呢？我想要與人擁有什麼樣的關係？我真正擁有的，又是什麼樣的關係呢？對我而言，什麼才是重要而有意義的——重要而有意義到讓我想要為它活下去。曾經活過的我，給世界帶來了什麼不同？我有過什麼引以為傲的貢獻？哪些價值觀是我堅守的呢？為什麼是這些價值觀？我具有什麼樣的才能？我還有哪些尚未開發的潛能？我應該試著去實現它們嗎？我要如何平衡我的樂觀與悲觀呢？關於人性和人的境況，我知道些什麼？我還想知道什麼？我對人類的發展與生存有哪些瞭解呢？做個完全的人是什麼意思？我目前來到什麼樣的境界呢？

## 這個世界和另一個世界

身處有具體需求的世界跟神祕未知的精神世界，則是另一個對比鮮明的經歷。在現實世界中，我必須確保我的開銷不超過支出，人際關係良好，對我在意的人誠實，為了讓家庭井然有序地正常運作，還得付出心力。但處於靜修狀態時，這些現實問題似乎離我很遙遠。這時候的我想要從事精神層面的活動，像是閱讀、探索或思考生死的意義，想一想全人類的合一，以及何謂「永存」。我尋找與自然合一的方法，思索心靈著作探討的終極事實，我想要經歷在靜心冥想中瞥見的超然提升與高度知覺。但是現實世界始終存在。我的難處是如何在日常生活中找到神聖之處，同時為我的精神世界保留一個獨立的體驗領域。

## 緩慢老化和迅速老化

有時候，我感覺衰老的過程正在侵蝕我的生理（有時候是心理）能力。我不見得能察覺每一天的差異，只有在回頭看時，才會發現自己不再那麼有活力了，爬坡時氣喘吁吁，中途不得不停下來休息。但有些時候，我經歷到的衰老是突然且急遽的。昨天我的聽力沒有任何問題，今天就有困難了。昨天我的呼吸明明很順暢，今天就開始咳嗽和喘氣，必須耗費許多精力在吸氣與呼氣上。

我發現自己很努力要跟上衰退的腳步，在我不斷變得有點不同的過程中，趕上變化的速度！唯有回頭看時，才會發現自己已經從一個階段來到另一個階段，從我開始改變到發現自己改變，已經過了一段時間。

## 強化的經驗和削弱的經驗

生病之後，我對自己和他人的痛苦與磨難，感受更深切了。對他人的處境與經歷更具有同理心，也更強烈感受到它們的存在。有時候，我對處於黑暗與惡化的情況感到絕望；面對貪婪、傲慢與自我主義，更是憤怒與不耐煩。

我也更深切地感受到自己與他人的快樂與悲傷。我笑得更開懷，更容易被英勇、高尚和悲慟的行為所感動。聽古典音樂時更有感覺，也更瘋狂地閱讀。我不明白，年輕時看到鬱鬱蔥蔥、如詩如畫的景致，怎麼能夠保持冷靜。我不懂當時為何這沒有入我的眼，全心全意地欣賞、留存。或許，我是害怕自己會因為目睹此美景，過度興奮，承受不住，或是被刺激給淹沒，不敢盡情享受。現在我可以慢慢感受景色，讓它的美將我浸透。我可以用一種巨細靡遺、引人入勝的方式，盡情體驗當中的美麗、繁複與新奇。我也跟那些關心我的人有了更密切的感情聯繫，更深地融入人際關係之中，也更專注熱情地投入我的計畫。我可以因為一件小事感到開心。整體而言，我覺得自己更有活力，面對生活中的喜怒哀樂，心態更開放、感覺更敏感。

另一方面，有時候我也會感到自己格格不入——毫無感情、冷漠疏離、興趣缺缺、孤僻內向。我觸摸不到自己，也感受不到其他人的欲望，別人更是難以與我親近。我退回自己的保護殼，在被孤立之中尋找一種違反常理的快樂，自艾自憐。我閉上眼睛，無視於外在世界。我心力交瘁、垂頭喪氣，不想去感受任何事，單單把焦點放在我的倦意。我想要休息和修復。當我意識到這種情形，或是跟朋友有過一番熱情的接觸後，往往可以讓我再次振作起來。

還有一種狀況，我發現自己異常冷靜，毫無情緒波動地冷眼看待自己和他人的處境。我覺得自己就像站在高處俯視腳下的景象，不管是正在發生的事或事情的結果都與我無關、沒有任何利害關係。總之，隨著時間、地點和情緒的不同，我的感受有時多一點，有時少一點。在捕捉更多感受的同時，也挪去了更多感受。在變老的日子中，這兩股強流就這麼交替著。

學會適應這種反向拉力，是成功老化必備的技能之一。愈是能夠在這些對比的經驗中取得平衡，就愈能夠好好老去。

# 3 結合反向力量

除了上一章描述的情緒平衡之外，我也注意到，隨著年紀增長，我們會出現一種看似相反或矛盾的取向和態度。例如，既想要獨處，又想要與人維繫關係；既想要參與社交生活，又想要從中退出。對於哪些現實是我們想面對的，哪些又是我們想要避開或否認的，彼此存在著矛盾。我們可能會努力尋找自己可以接受的倚賴程度，但終究還是想要獨立自主地生活。最後，我們可能會在倚靠希望支撐，以及屈服於絕望之間掙扎。

這些反向趨勢可以視為一種對立的衝撞，或是一方試圖戰勝另一方的爭鬥。但是我認為更好的方式是不要將他們視為分化的兩極或矛盾，而是同一個過程的不同面向。我認為晚年就是在努力調節這些選擇的過程中，找到一種可行的平衡。

## 獨處與人際關係

想要獨處，還是建立人際關係，我們許多人都迫切想要尋找最佳的平衡。當其中一方占優勢而讓人不開心時，可以試著去調整，直到找到「剛剛好」的平衡位置。

### 獨處

在某種程度上，獨處和感到孤單可說是身為人類的本質之一，在現代社會更是幾乎無法避免。隨著年紀增長，愈來愈多曾是我們生命一部分的人與情境不復存在，孤獨的問題也愈加明顯。

有些人可能會把孤獨的原因歸咎於自身，或許是我們太難相處或太過強勢，導致朋友和家人疏遠、迴避或離棄我們。原本親近的人搬到較遠的地方，無法常常見面也會導致我們孤單。親密的朋友或家人去世後，過去的關係難以被取代，以致他們在我們的生命留下的空白無法填補。有些人則是刻意選擇孤獨。

獨處的時間可以是豐富、有收穫、令人感到愉悅，也可以充滿痛苦、不受歡迎、令人感到空虛。如果我們的情況是後者，就該試著接受這份孤獨，學著積極正面地面對。也許是想辦法讓原本不受歡迎的孤獨感變成寧靜的獨處時光，又或是減少獨處的機會，多與他人聯繫。不管是哪一種方法，學習善用獨處時間可以為我們帶來力量，覺得生命在自己的掌控中。

獨處和感到寂寞是完全不一樣的狀態。下面描述的兩個例子，反映出兩者的對比：

我打算用這一天來沉思、閱讀、思考我正在寫的書和聽音樂。我期待晚上跟一個朋友碰面。我回憶與家人間的舊事，並在腦中記下我想在教授的課程強調的重點。這是珍貴、愉快、祥和而恬靜的一天，悠閒中帶著喜悅與歡娛。我感到輕鬆愜意、心情開闊。這一天像是沒有盡頭似地展開，時間彷彿恆久而不受限制。這一天感覺起來像是一個星期，我手上的時間恍若增長了好幾倍。

這是令人難受的一天。我昨天晚上沒睡好，所以一早就帶著一股不悅的疲憊感。我沒辦法好好做規定的功課，也沒有體力完成原本打算進行的任務。我試著靜下來冥想，卻睡著了。醒來之後，感覺精神好一點，於是開始寫我的書，但是思緒卡住了。我試著找其他事來做，讀一些輕鬆的讀物——一本週刊，但是很快就覺得無聊。我想去散步或是踩踩健身腳踏車，又覺得不論做什麼都太累了。一天很快就這麼過去，而我也只能屈服於又這樣過了一天的事實。出乎意料的是，到了晚上要跟朋友碰面時，我的精力又恢復了。關於獨處，有一件事是永恆不變的，就是擁有期待有人作伴的機會。

## 獨處的獨特樂趣

和教人痛苦的寂寞相反，獨處可以帶來令人滿足、愉快且具啟發性的特有體驗。獨處提供我們成長茁壯的機會，因為它讓我們有時間和空暇來體驗自我，琢磨生命，尋思與我們往來的人，並回顧我們的夢想。

獨處讓我們在一個安穩、平和、寧靜的環境做我們想做的事，思考關心的事物，欣賞大自然和藝術，做心靈方面的功課。它讓我們擁有不受他人控制、審視或評論的機會，可以輕鬆地做自己。我們不必擔心如何扮演好自己的角色，或要怎麼帶給人深刻的印象。獨處時，我們可以按自己想要的時間起床、睡覺，也不必忍受他人的缺點和怪癖。簡單地說，獨處讓我們可以跟自己，以及我們的宇宙深度結合。

獨處也提供我們在寂靜中探索的機會。一般情況下，我們的生活總是充斥聲響，因此出現在聲音與聲音之間的寂靜，可能會令人覺得詭異而不自在。但光是認識寂靜這個體驗本身可能就極具啟發性。

我們通常不會意識到寂靜其實有它的聲音、感覺，以及對我們的獨特影響。我們可以在寂靜之中，發掘內心真正的狀態、感受身體、檢視情感的微妙之處，並看看自己如何融入那寂靜的空間。

寂靜的種類很多。「子宮的寂靜」孕育著可能性，預示著新生命即將到來。「墓園的寂靜」則是沉重的，勾勒出死亡，喚醒悲傷。寂靜是冥想的必要條件，是進到平常不得進入的領域必需的助力。

## 我好寂寞

很不幸地，並不是每個人的獨處時光都是豐饒的經驗。更多時候，我們感受到的是寂寞。

倘若我們當中沒有人會感到寂寞，那委實值得注意。事實上，美國原住民的智慧認為寂寞是所有人類唯一的共通點。每個人都在生命的不同時期感受過寂寞。

所謂寂寞，是當我們意識不到和自己、他人、大自然或任何事物有所連結時，內心痛苦的感受。即使處在人群中或與人交往，我們仍然可能感到寂寞。但一般而言，獨處時最容易感到寂寞。寂寞有不同的性質、持續的時間，強度可以從渴望被觸摸、想聽見他人的聲音，到幾乎察覺不到的缺失感。它可能包含了孤立、屈辱、空虛、被遺棄的感受，以及與人疏遠的距離感。我們可能會覺得沒有人對我們感興趣，甚至覺得沒有人關心我們。這種寂寞帶來的不適，可能是短暫的，也可能是長期的。

如果你不希望因為寂寞而導致生活不安，下面幾種方法或許可以化解你的寂寞。

## 檢視你的寂寞

很多時候，寂寞是如此痛苦和可怕，讓我們不敢直視。然而，客觀地觀察它，可以帶給我們深刻的見解，幫助我們消弭寂寞。如果你想要弄清楚你的孤立和苦楚從何而來，問問自己這些問題：我感到寂寞，是因為不信任他人或對他人的意圖感到不安嗎？又或是我覺得自卑，害怕別人發現我的缺陷後，覺得我不有趣、不值得交往嗎？我的寂寞是因為過去在人際關係上曾經遭遇到困難，讓我害怕重蹈覆轍？是因為我曾經遭到背叛、被傷害、被拒絕，以致對他人感到失望或生氣？又或是我過去遭到怨恨和嫉妒，不想再次經歷那種感覺，於是開始與人疏遠？

或許我感受到他人的蔑視和不尊重，導致我想要脫離人際關係。

上面描述的任何情形，都可能讓我們感到寂寞，但是這些狀況並非固定不變。雖然我們不見得認為這麼做值得，但是如果願意，我們可以開始改變這些讓我們感到寂寞的原因。有時候，只需要做一點點改變，就可以發揮很大的效果。

## 發揮你的想像力

一個對抗寂寞的方法，是藉由看書、看電影或看電視來拓展你的想像力。你可以想想兩萬年前或一千年後的世界會是什麼樣子？五百年後的人類會是什麼樣子？你也可以試著想像不久的將來和遙遠的未來，社會上可能發生的事件。想像一個至高無上的角色或宇宙力量，探討精神上獲得啟蒙的意義何在。或是把範圍縮小一點，想像要怎麼把家裡擺設或裝飾成你理想的狀況。或是幻想一下，把衣櫃裡的衣服全部換掉是什麼感覺？

這麼做會為你的生活帶來什麼新的樣貌？你也可以透過練習訓練自己的記憶力，定時鍛鍊身體，嘗試藉著冥想把心靜下來，接觸精神層面。體驗你的實體環境——你在當中是如何運行，而它對你有什麼影響。

## 喚醒你的感官

即使你已經盡全力改變自己的景況，有時候你仍會感到寂寞。當寂寞讓你感到沮喪，有時最好的方法是試著不要去想它。此時，探索生活中的感官可能會帶來令人意外的安慰。

透過你的感官，仔細檢視各種經驗，你會發現有上千種方式，可將思緒從悲傷中轉移出來，藉由其他管道抒發。專注在進到你意識裡的景象、聲音、味道和氣味，例如探索房間的各個表面和覆蓋家具的各種材料，在觸覺中尋找樂趣。感受絲綢的滑順、未抛光木頭的粗糙和地毯毛茸茸的表面、葉子邊緣不尋常的觸感。探索食物的味道：甜的、酸的、美味的、刺激的；水的細微滋味、果汁和酒的味道。你可以沉浸於動人的交響樂中，傾聽草葉在微風中發出的沙沙聲，或是感受街上的嘈雜聲帶來的活力。你可以留意讓人靜心的聲音，像是細雨打在屋頂的聲音或是金翅雀的悠鳴。

仔細觀察生活空間裡看得見的東西：物體的形狀、顏色、密度、高度和排列；不同的物品、顏色、材料的交錯與結合；房間裡各種家具的美學及功能；夕陽餘暉在牆面留下的光影。

仔細看你的手，觀察它最細微之處：它的紋理、皮膚顏色、皺褶、手指的形狀、指甲的顏色、你的指關節如何彎曲、手指是如何伸展。觀察你的手掌，看看上面的線條紋路，看看每根手指是怎麼運作，其他手指又是怎麼跟著一起動，看看拳頭的大小，試試手臂的力氣。聞一下皮膚、感覺它的光滑與粗糙，觀察你的手是如何單獨運作，跟另一隻手又是如何搭配。

看看外面，你看到美好的日出日落、屋舍、草木和天空嗎？它們的構造、顏色和亮度是不是各異其趣呢？

探索你的動覺。不帶批判地感受你的身體，去感覺它是如何承受你的重量、怎麼走路、怎麼坐著、它的疼痛與歡娛、占據空間的姿勢。

聞一聞家裡不同房間的氣味，跟戶外的氣味有什麼不同。屋子外聞到的可能是長青樹的味道、沾了水氣的青草味。廚房裡聞到的可能是咖啡味，或是食物開始敗壞的味道；客廳則是花瓶裡的百合花若隱若現的淡淡香氣。到附近的花園或森林裡去，盡情享受大自然隨著時間更迭帶來的感官盛宴。去品酒、去體驗異國食物的風味和香氣。

把注意力放在自身以外的事物和環境，或許可以幫助你化解孤寂。

最終，想要對付寂寞，還是得找出它的根源，並尋求改正方式。我們可以將它轉換成單純的獨處，或是調整到不那麼令人痛苦的狀態，嘗試得到正面的收穫。愛，還有跟我們愛的人在一起，往往是最好的療癒方式。能夠讓我們沉迷其中、投入大量精力和關注力的活動，就像萬靈丹一樣。最後，我們可以試著忍受、接受或是超越寂寞——不讓它干擾我們的運作或拖垮我們。能夠活到晚年，意味著我們的經歷夠多，所以我們是最有魅力的人。只要願意，我們有許多內在的寶藏可以跟他人、跟世界分享。

寂寞雖是人類境況無法避免的一部分，卻有許多方法可以減輕它的影響。我們可以徵求或尋找一段新的人際關係，或是讓一段剛萌芽的關係進一步發展。我們也可以在認識的人當中尋覓，看能不能把一位熟人變成朋友。

## 我和你（還有其他人）：人際關係

到了晚年階段，我們的寂寞程度和擁有的人際關係數量，要比過去來得更重要。在經營家庭和工作時，我們無法避免與人接觸、建立關係。我們可能會希望有多一些獨處時間，或是對於跟什麼人交往有更多的選擇權。另一方面，我們也可能覺得自己過於寂寞，找不到理想中的人際關係。

對身處晚年的大多數人而言，與人建立關係讓我們更滿意自己的生活。我們需要有人說說話，分享想法、痛苦和喜樂。我們需要跟另一個活生生的人互動，以確認自己的存在。我們看重與他人的關係，因為透過這樣的關係，才會感到自己被珍視、尊重、認可。它讓我們有機會與他人建立更深厚的連結，藉以創造並開發我們的晚年。

人際關係的形式有很多種：長期或短期、隨意或認真、膚淺或深入、間歇或連續。可能是意義重大或者沒那麼重要、薄弱或堅固、棘手或和諧、嶄新或經過時間考驗。

每一段關係的建立原因和基礎可能都不一樣。或許是基於對彼此的愛，互相產生共同的情感承諾而來。也可能源自彼此的憎惡與爭鬥。可以是基於互惠互利，或是習慣性和例行的事項。它可以是伴侶中的一方或雙方害怕離開這段關係，因為他們害怕寂寞或看起來不受歡迎。其中一位同伴可能較強勢，但另一方或是雙方都甘於這樣的相處模式，所以才會在一起。它可以是共同利益或目標的產物，也可以是為了獲取個別的利益才產生的關係。

對某些老人而言，能跟某個在意的人保持親密關係，生命就有價值了。但是對其他人來說，親密關係雖是必需的，卻不足以讓他們覺得生命因此圓滿。他們要得更多：有事情做、在精神上有追求、歸屬於某個團體或組織、在感興趣的領域中繼續學習或發展知識。對某些人而言，缺少親密關係最令他們困擾，這為整體生活帶來了負面影響。但相反地，有些人則會希望親密關係少一點，或是不想要那麼親密的關係。

早年一起生活的親密伴侶不在了以後，發展新的朋友關係並不容易。試著想要建立關係的雙方可能會覺得害羞、尷尬，無法敞開心扉表露內在的自己。然而，缺少人際關係會讓我們覺得飄忽不定、與人脫節。

大部分的人都想要與人有正面的連結：彼此相愛，互相關心，追求共享的生活。但是很不幸地，有時候我們會被迫分開，原因可能是出於恐懼；對彼此的不瞭解；因為競爭、不喜歡、不尊重；或是因為我們的期待、價值觀和個性不同。

但即使人與人之間的關係可能會出現問題或遭遇困難，大部分的人到了晚年，還是想要保有親密的關係或友誼，不管是同性或異性都好，期待從中感受關愛、溫柔、體貼、尊重、感激、信任與價值。我們都渴望在親密關係和依附中得到愛、深度的結合和正面的感受。我們想要伴侶像關心他們自己一樣地關心我們，對方也會有同樣的冀望。對許多人而言，被關心和受到照顧是我們最在意的點之一，而這樣的需求不會因為步入晚年而減弱，只會愈來愈強烈。最重要的是，親密關係帶來的身體交流與溫暖可以提升自尊，對身心健康至關重要。在我們對自己的魅力和吸引力日益感到懷疑時，需要有人給我們一點自信心。理想狀況下，這會來自那些仍然關心我們、想要跟我們在一起的配偶、兄弟姊妹、孩子或孫兒、鄰居和朋友。

我們在親密關係中尋覓的不外乎陪伴、溫暖、身體和性關係、誠實的交流，或是分享內心最深處的感受和想法。這包括留意彼此的需求，隨時做好滿足它們的準備。可以的話，主動給予彼此安慰、支持、肯定與互相的尊重，關心對方的幸福，就像關心自己的幸福一樣。

瞭解人際關係和孤單的本質，或許可以幫助我們找到各種途徑及各種人，一起分享我們在這個人生階段追求的目標。

## 在人際關係中遇到的問題

一段人際關係如果不遇到一些問題或困難，就太不尋常了。下面是幾個我們在建立新關係和維繫舊關係時，經常碰到的議題。

失去一位曾經跟我們關係甚密的摯友或親人時——不管是離開或死亡，我們當下會覺得這個人是無可取代的，所以不願意尋找另一個人來逐漸填補他們留下的空虛。

隨著時間過去，我們可能有過爭執、破裂或不歡而散的關係。我們可能拒絕過曾經與我們友好的人，或是被拒絕過。可能跟兒子或女兒關係疏遠了。一段長期關係可能被消耗殆盡，直到自己或是對方不再認為它有意義，或是對它感興趣，最後大家分道揚鑣。我們也可能因為過多的衝突、對彼此產生敵意、感到憤怒，所以放棄了一段關係。

回顧這些已經結束的關係時，我們可以問問自己願意嘗試修復或重新開始這些關係嗎？如果答案是肯定的，我們能分辨出哪些關係是有機會恢復的嗎？是不是還存在太多痛苦、失望、怨恨或不信任呢？還是這些感覺已經消退到只需要做小小的努力，就可以重拾這些關係呢？

缺乏平衡的關係時，我們會很敏銳地察覺到。或許我們不知道該怎麼處理，或是該跟什麼人建立連結。我們對於如何建立或維持一段關係，可能沒有把握。要怎麼分辨哪些人會是我們覺得有趣的呢？要怎麼找到他們，或是與他們產生交集呢？把我們的願望明確地告訴第三者，會有幫助嗎？有人可以幫助我們實現願望嗎？

我們可能想要與人建立關係，卻缺乏足夠的動力。害羞、害怕被拒絕、過去失敗的經驗和自卑的心理，都可能是阻礙，讓我們覺得沒有人會對我們感興趣。我們可能會認為建立一段關係需要花費很大的力氣，擔心自己應付不來。不管阻礙是什麼，都可以試著去克服它。

或許，我們連自己想不想要與人建立關係都不知道。又或許我們嘗試了，卻沒有成功。我們可能拒絕了那些想要跟我們建立關係的人，卻被我們想要建立關係的人拒絕了，而最後究竟為什麼沒成，我們也不太明白。

或許我們對現有的關係並不滿意，因為我們跟對方的個性不合，又或者我們覺得對方很無趣。也可能這段關係太膚淺了——無法帶來深刻的感受或體會，讓我們覺得它是有意義的。

有時候，我們得面對太多衝突、誤解、遷怒、責備，以及彼此間未能解決的怨恨。相處過程中，我們的自尊經常受到攻擊或損毀。可能是我們的要求過多，又或是對方的期待太高。不管是什麼情況，終歸是沒有足夠的愛、關懷、溫暖與承諾，因此得不到我們需要或想要的。

可能是我們在這段關係中沒有足夠的自由，覺得受到束縛，或是在需要對方時，他們不能成為依靠。或許，這段關係的建立在太多的不誠實和虛偽之上。又或者，某些不明的原因導致這段關係讓我們感到害怕或不舒服。

有時候，這段關係可能不是我們選擇的，而是強加在我們身上，因此覺得有義務加以維繫。當我們想要掙脫這段關係時，卻不知道從何做起。

一段關係久了，很容易就變得像「自動駕駛」一般按照習慣和常規基礎運作。我們在裡面找不到樂趣或熱情，卻又不確定是不是想要結束。我們保留這段關係的目的可能是因為依賴對方，同時又對這樣的依賴感到不自在。即使覺得彼此只是在忍受，一想到要失去這段關係，還是會感到不安。我們覺得自己可能會失去某件有價值的東西，或是一旦決定放棄這段關係，就會被剝奪了什麼。

一段關係可能存在許多尚待解決的問題。我們可能連問題究竟是什麼都不清楚，但就是覺得有問題需要解決。或者，我們知道問題在哪裡，但是無法提出來討論，因為這麼做可能會讓對方反彈或是無法理解。又或許我們找到問題所在，也提出來了，但還是沒辦法好好地解決問題。

我們希望保有隱私或是一些個人特質，這會讓我們難以忍受他人的存在，因此能擁有的人際關係非常有限。另一方面，我們也可能跟太多人建立**太多**關係了，到頭來才發現根本沒有足夠的時間可以放鬆，好好跟自己相處。

我們可以反覆思量這些事，找出我們當前在人際關係上遇到的問題，並問問自己想要如何面對，找出最好的處理方式——順其自然、正視、忽略、否認、與之交戰、試著超越或尋找克服的方法。

## 參與或迴避

我們會選擇參與或迴避社交世界，有部分是跟我們擁有或想要擁有的人際關係形態有關。某種程度上，這也取決於我們對積極投入社交領域的意願有多高。

來到晚年，我們會遇到兩股反向的拉力。我們一方面不想受到干擾，想要退守自己的巢穴，脫離社交活動，過隱遁、孤立、更專注於自我的生活。但另一方面，也有人選擇更積極地參與團體、社區或政治性活動。跟過去上班的日子相比，我們現在空閒的時間多了，可以投入以前沒有機會參與的社交領域。不同的人有不同的感受，我們也可能同時感受到這兩股衝動，將我們往相反的方向拉扯。

你感受到增加與減少社交參與的張力嗎？你是否在投入或遠離與他人共同的活動之間游移不定呢？有某種程度的疲憊和不感興趣，讓你產生一種「何必這麼麻煩」或是「不希罕」的態度嗎？還是你其實迫不及待想要「參與其中」，投入新活動、新事業，特別是參與建設一個充滿關懷的社區呢？你熱中於社會、政治、經濟和娛樂活動嗎？你的生活中，不參與並遠離活動，跟參與且對絕大部分的事物感興趣之間，處於什麼樣的平衡呢？或許你在參與團體活動、社會工作或對他人有益的計畫，跟保持超然、冷漠和抗拒的態度之間，感到左右為難。跟一群人共事，可以提高你的生命能量、動力、好奇心，讓你想要和集體生活連結、貢獻一份心力。相反地，你想要保持超然、冷漠，可能是因為你的被動、能量不足，以及對當今的社交方式不感興趣。我自己的經歷是，一方面感到被動、不想與他人打交道、沒有表現自己的欲望，只想追求舒適放鬆；同時也無所用心，不想有必須為他人付出時間和精力的壓力。反向的拉力則是早早起床，帶著熱情、巴不得立刻投入我選擇參與的計畫，和他人為一項對彼此都重要的任務共同努力。

我們當中的很多人，有機會在一個團體中選擇要跟他人連結或保持距離。我們可以選擇要不要對一個團體產生歸屬感——什麼都不做，稍微做一點對團體有用的事，或是為團體、社區或社會奉獻自己。

什麼因素讓你決定往哪個方向靠攏呢？之所以選擇疏遠，可能是你想自在地生活，不想因為積極參與團體活動而受到束縛。或是你覺得外面的世界很危險，不想暴露於危險當中。也可能是世界曾經否定過你、嚴重傷害過你、給你帶來太多的痛苦折磨，以至於你對這個世界懷有怨恨，想要隱遁起來。你可能覺得自己怎麼做都無濟於事，因為某種程度上，你已經放棄、屈服於絕望了。你認為不管做什麼事都沒用、不重要，也沒有意義。也可能是你過度專注在自己的問題上，所以沒有時間、精力或興趣去插手更多人的共同議題或事務。

另一方面，你可能出於利他主義，積極地想要幫助其他人，藉此保持活力，參與並融入生活。或許是出於對他人福祉和地球存亡的關心，或者你只是想要發展一個充滿關懷的社群，同時和社交領域維持深刻的連結。跟其他人一起開展這些計畫時，你是帶著強烈的決心，或是背負著屈服、消極的重擔呢？

如果你決定要提高社交參與度，這裡有些想法，可以幫助你尋找方向，以及貢獻自己的方式。

你可以參加每天討論時事的團體，或是每週一次的禱告會。也許你對氣候變遷和日益惡化的環境感到憂心，那麼就可以參加致力於遏止污染和資源破壞的環境保護組織。

我們的社會存在太多社會、政治和經濟方面的問題與弊端，要找到一個切入點並不難。認養一個沒有爺爺的孩子當孫子或是擔任貧困孩童的家教，可能會讓你感到欣慰。你也可以參加反核武試驗的團體，或某個你支持的政黨或候選人的政治團體。

社區也可能用得到你的服務。你願意擔任協助學童過馬路的交通導護嗎？博物館的解說員？或是在醫院擔任志工？為參加更生計畫的少年服務？在生命熱線接聽電話？在課後安親班教孩子做勞作？社區中心通常有許多提供給老年人的課程和團體活動，參加這些活動對你的生理、心理和社交都有益處。如果你住的社區沒有這樣的活動，要不自己組一個呢？

成為追求共同人道目標的團體成員之一，可以強化你本身的人性，也有機會從他人身上確立人性。最後，你將以前所未有的方式，深切感到自己是人類群體的一員。

## 面對，或不面對事實

有時候，要不要面對事實，可能會讓人搖擺不定，不知該正視它還是忽略它。你傾向於面對事實，還是不面對呢？在我們必須面對的眾多事實中，每一個都在挑戰我們有多想要面對，甚至願不願意面對它。因此，認識自己、自己的傾向，以及在什麼情況下會想要面對事實或是逃避事實，都可以幫助我們處理那些特別惱人或難以處理的問題。

為了好好生活在這世上，我們每天都有許多事實要面對和處理，同時也有許多事實是我們想避開、否認、逃離或忽視的，原因是它們教人不愉快、有害，或單純太難以承受。若非這樣的逃避可能讓我們付出慘痛的代價，我們可能就這麼一直逃避下去。

## 瞭解事實的本質

在面對事實之前，你必須先認識它。有些事實顯而易見，很容易就可以察覺。但有些事實隱隱約約、捉摸不定——例如，你的大腦敏銳度是否真的下降了，我們要做的第一件事是觀察、測試，然後做最好的評估，直到你初步得知實際的狀況，以及可能帶來的影響。

讓這個重要的新事件進入我們的意識，是面對事實這個複雜過程的第一步。它會牽涉到幾個問題：這是需要立即面對的急迫事實（如腿斷了），或是不需要立即採取行動的事實（如咳嗽或鼻塞）？

這個情況是暫時性（如甲周倒刺、感冒、手腕燙傷）或永久性的（像是慢性疾病）？

換句話說，這個情況有沒有結束的一天？

它是固定不變的，還是有變化的？固定的，像是短期記憶的喪失，或是會改變，但不見得會變好，像是體力的衰退。這時候我們必須問：現在是什麼情形，將來又會是什麼情形？還有些時候，我們並不知道現況會不會改變。比如車禍後你有嚴重的頭痛，但是你不知道這種情況會不會跟著你一輩子。

有些事實並不明確，所以可以有不同的詮釋。例如，你的一個朋友脾氣非常不好，而且經常對你發作，這就是一個非常明確的事實。但是你的一個朋友異常安靜，究竟發生什麼事就不是那麼明確了。有人覺得他患了憂鬱症；也有人覺得他只是累了，想休息一下；還有人認為他是處在冥想的狀態。同一個事實可以有不同的解釋，至於需不需要採取行動，大家也會有不同的看法。

這是個全新的事實嗎（走路時步伐不穩，或是沒辦法平衡）？或是你過去經歷過，後來消失、但現在又回來了，所以是你多少熟悉的狀態（如頭暈）？它會影響到你的基本健康或安全（如視力或聽力變差），或者無傷大雅呢？

這個事實的形態是溫和的，還是嚴峻的呢？你可以做什麼處理嗎（手臂上長了一個瘡）？或是什麼事都沒辦法做呢（因為黃斑部病變而導致視力衰退）？如果可以處理，你想要試試看嗎？還是你需要別人幫忙？可能是你請他們幫忙，也可能是他們主動幫忙。你會想要晚一點再處理嗎？

事實可以經由各種途徑展現，可能是意外（跌倒時傷了肩膀），可能是生命的歷程（年紀大了，視力和聽力退化），可能是你無意的行為造成的（你的不友善破壞了一段關係），可能是你的疏忽（進入危險社區，遭受攻擊而受傷），或是有意的選擇（選了一堂有難度的數學課），可能是生命的過程（一位至親病重）。不管是你選擇的、被強加的，或是意外造成的，事實都會強迫我們選擇面對它的立場，以及採取的行動。

## 決定是否要面對事實

有些情況是，我們並非有意逃避事實，只是不知不覺忽視了它，直到出狀況才發現。還有些情況，我們可能是有意或無意地決定逃避某個事實。這種情況下，我們有幾個考量，可以決定是否應該面對事實。

因為種類和起因的不同，某些事實會比其他事實容易面對。有些事實勢不可擋，而且揮之不去，讓人不得不注意到它們的存在（雖說你不見得會採取行動）！事實的嚴重程度、帶來的痛苦程度、可能引起強烈情緒反應的程度，都會讓你擔憂起自己的幸福或生存，甚至陷入極度的絕望，最終影響你所做的決定。

如果你決定面對事實並採取行動，你會對生活失去多少控制，長達多久的時間？如果選擇迴避呢？比起面對事實，迴避會讓你在情緒上好過一點嗎？你可能會覺得將來再面對這個事實比較好，因為目前需要立即關注的煩惱，到時候可能就解除了。

你需要採取什麼行動來面對這個事實？這些行動會帶來什麼程度的不愉快或壓力？你是不是更傾向面對某些方面的事實，例如生理機能的障礙？因為如果不面對，這些事實可能以令人無法接受的方式牽制你？有沒有人可以陪你面對特定的事實？他們準備好要挺身而出了嗎？

你面對某種特定事實的頻率有多高？它是不間斷的，還是只發生在特定的時刻？你的選擇會帶來哪些後果呢？怎樣才符合你的最佳利益，採取行動或不採取行動？換句話說，現在就面對和將來再面對之間，你願意付出多少生理、心理、經濟或社會的代價？這是面對它的最佳處境嗎？是最佳時機嗎？怎麼做能帶給你最大的安慰和內在平靜？

這裡有一些晚年必須考慮的重要事實：你可以面對或迴避你是誰的事實。選擇誠實地面對、審查自己後，或許你會發現自己比你以為的要好得多！也許你對人很善良，很體貼別人。但是你也可能發現自己比你以為的更糟。也許你很自我、不友善，對他人漠不關心、難以相處。

你可以選擇面對或迴避你的人際關係真相，特別是那些重要的關係。這些關係的真實狀況，可能讓你感到驚訝或失望，但無論是痛苦或開心，至少你得知道自己的處境。

你可以面對、迴避或是否認變老的事實。意識到自己變老，讓你有機會根據自己的改變，在生理和心理上做必要的調整。但是面對事實也可能會讓你擔心受怕，還會帶來無助感。另一方面，否認或逃避可能會讓你停止擔心焦慮，至少可以暫時停止，有時可能會暫停久一點。

你可以面對或是迴避生病或失能的事實。選擇面對，代表你知道並接受你的疾病或失能，而且可能想要為它做點什麼。你也可以在態度和情緒上進行調整，不讓失能占據你的生活。否定或是延遲面對疾病，可能會讓你錯失採取必要行動的機會，等你想要面對它時，卻為時已晚。

面對自己即將死亡的事實，我們可能會憂心忡忡、恐懼、接受，或是不帶太多掛念和不適地為它預做準備——不同時期可能會有不同的感受。否認的方式也有好幾種：無意識地認為自己不會死，這種事不會發生在自己身上；覺得死亡還很遙遠，還不必去想；或者你跟甘地的看法一樣：「我不去想死亡的事。我每個晚上都死去，隔天便又重生。這就夠了。」

## 面對事實的方法

面對事實，包括將事實帶進集中意識（focal awareness），認識它的本質，讓它完全且深入地進到意識，並以某種形式回應。因此，你必須注入心力與它搏鬥，用自己的方法處理它，最後盡一切可能解決它。

談到面對或逃避事實的不同方式，切記這些方式有著程度上的差異。面對某個事實時，你可能會立刻一頭栽進去，但是面對另一個事實時，卻幾乎沒有反應。還有一種情況是，隨著心情或體力而有不同的反應。

一般而言，你面對事實的方式取決於事實的本質，還有它是否會立即影響你的生活，以及影響的程度。你可能會正面對決，試圖處理（例如耳朵痛、懷疑有中耳炎時，去看醫生），或是在面對一項無法改變的事實時，試著跟它妥協（比如耳朵受損、聽力喪失，必須配戴助聽器）。

你可以用緩慢漸進的方式來面對一件事實，一點一點地接受它。比如一個朋友罹患癌症，只剩六個月的生命。一開始，你可能無法相信——他看起來充滿活力。接著，起初的震撼逐漸褪去，隨著他的身體愈來愈虛弱、臉色愈來愈蒼白，你開始接受他即將死去的事實。

你可能會蔑視事實，想看看它會不會就這樣消失了。像是「我才不管什麼肺炎，我就是要去旅行」。你也可能全然接受一個事實：真誠地相信它、感受它、接受它，讓先前的否認、不在意或拒絕化為不可辯駁的存在，也許你會對它採取行動，也許不會。例如，終於接受另一半已經離開你了。

氣喘成了我的一部分，我必須與它共處。接受事實就是讓它成為自己的一部分。

## 迴避事實

詩人T・S・艾略特（T. S. Eliot）觀察發現：「人類無法承受過多的事實。」因此，有人認為否認或迴避事實很常見，而且不全然是壞事。有時候，迴避能抑制恐懼，讓我們繼續前進。但也有些時候，這樣的否認和迴避是有害的，因為事情可能在我們的拒絕承認中惡化了。所以我們的重點是，找出什麼程度、什麼情況下的迴避或否認，是恰當而不會過於冒險。有時候，扭曲、逃避或否認事實符合自身的利益，得以維持自尊、證明自己的想法是對的，讓我們用對自己有利的眼光看待自己，處於我們更想要的情境裡。正面的幻想或許可以讓我們對未來存有希望，抱持樂觀的期待，繼續堅持下去。但問題在於，這樣的希望可以維持多久？我們無法預期這樣的幻想什麼時候會破滅。當它發生時，希望會變成絕望，或教人慌亂地逃離現實。這讓我想起尤金・奧尼爾（Eugene O'Neill）的劇作《送冰的人來了》（*The Iceman Cometh*）的主角。多年待在酒吧裡逃避現實的他，有一天終於決定走出去面對外頭的世界。但是他很快就發現自己已經失去面對現實的能力，於是決定回到酒吧，永遠活在幻想裡。奧尼爾這裡想要表達的是少了幻想、缺乏逃避某些現實的能力，我們確實很可能無法生存。

我們當中有許多人，一碰到令人特別不愉快的事，第一個反應往往是逃避或忽視。逃避的方式有很多種，程度也不一樣，可以是隨便一瞥，到完全無視。你可以刻意或有意識地拒絕接受它。舉個例子，在前往中國旅行之前，醫生告訴我，我有慢性支氣管炎。有人告訴我中國城市的空氣污染很嚴重，貿然前去可能會讓我的病情加重。但是我選擇忽視這些警告，還是去了，最後氣喘發作。

你也可能是不知不覺、無意間壓抑了事實。例如，你完全沒發現自己的視力在衰退，有人提醒你時，卻被你斷然否認。你也可能遲遲不肯面對事實——例如胃痛已經幾個月了，還是不願意看醫生。你隱約注意到自己的聽力有問題，但大多數時候你不記得這件事、忽略它，就當沒事一樣。你可能非常擔心面對某個事實，甚至這個事實已經來到眼前了，你還想逃離它，拒絕接受它——例如，愛滋病毒檢查呈陽性。或是你可能拒絕承認自己喪失一項曾經擁有的技能，比如一名芭蕾舞者或是歌劇演員發現自己的表演不如從前，卻堅持表演下去，寧願承受不受歡迎的結果。

你的逃避可能是完全拒絕讓事實出現在你的經歷中。你可能知道它的存在，但認為它無關緊要，所以忽視它；或是你可能知道它的存在，卻一直不願意給它任何該有的關注。你可能自欺欺人，告訴自己事實不是這樣，甚至對它產生某種錯覺，以降低或削弱它的嚴重性和重要性。

對某些人來說，面對現實和逃避現實交替出現。我們可能在兩邊來回反覆，直到做出選擇為止，或是持續搖擺不定。在面對最終的死亡和相關的恐懼時，很可能就是這種情況。

重點就在於如何在面對與逃避事實之間取得最佳的平衡。不論是什麼事，我們都必須決定要面對或逃避，包括怎麼做、何時、何地、要找誰一起逃避或面對。面對事實，從而瞭解事實，可以讓我們採取必要及可能的行動。如果做什麼都**於事無補**，至少也明白了自己的真實狀況。迴避無法修補（或無須修補）的事實，讓我們暫時或永久地減少了相關的恐懼、困難和疑惑。有意識地選擇這麼做，冒了將來可能招致負面後果的風險，但也可以讓現在的日子有效率一點、好過一點。

## 依賴與獨立

大部分的人到了晚年，都還會想要繼續掌控自己的生活，就像年輕時一樣。我們想要盡可能地為自己的事情負責：自己做決定、擁有自主權、執行自己的計畫、自己行動、保持警覺，並期許自己更活躍一點。我們想要做自己該做、想做的事，跟特定的人保持互動，並有建設性地投入想從事的活動。我們希望自己是獨立的、有掌控權且自主的，與人互相依存，但擁有自己的方向。

你可能會因為需要依賴他人而感到憤怒、絕望地屈服，或是平靜地接受它。然而隨著年紀漸長，需要依賴他人的機會肯定會愈來愈多。可能只是偶爾，也可能是在特定的時刻或事情上需要別人幫忙，又或者大多數或全部的時間，需要廣泛的協助。在這既得依賴他人又想獨立自主的過程中，我們必須瞭解自己有哪些事情是需要依賴他人，然後藉由取得協助來接受這件事。重點在於，我們能不能不帶偏頗地評估自身的能力。

我們可能會高估自己獨立自主的能力，過度緊繃，導致身體受傷，或是過度依賴，完全不願伸展自己。每個人的挑戰是在需要依賴他人時依賴他人，在各項功能顯示需要幫忙時，知道尋求正確的協助。這需要對自己，以及自己所做的事有充分的瞭解。因此我們面臨的挑戰是，在依賴與獨立之間找到符合目前的狀態與能力，實際且合適的平衡點。我們必須在過度依賴與莽撞地自力更生之間，仔細拿捏，並且在生理、心理和外在情況隨著時間改變時，不斷重新評估並進行調整。這件事最大的困難在於我們可能不清楚自己的能力，不知道自己需要什麼樣的協助、多少協助，以及需要誰來協助。除了我們自己，還有什麼人可以幫助我們判斷呢？我們可以信任自己的判斷嗎？別人可以幫我們做這樣的判斷嗎？

我發現在情緒上，我們經常在明顯需要幫忙和拒絕接受幫忙，甚至承認需要幫忙之間，出現緊張的狀態。另一方面，在我們的情緒與真實能力之間，可能存在著一種平行的張力。我們以為自己沒辦法完成某項任務，但是經過測試，發現我們能做的其實比自己以為的多。前者的狀況是，高估了自身獨立自主的能力；後者的狀況是，誇大了依賴性和需要幫忙的情況。

## 頑固的代價

我曾經強烈排斥服用類固醇。患氣喘時，我的胸腔醫生敦促我除了其他藥物，還需服用類固醇來控制氣喘。但是一位本身也患有氣喘、用行為治療為氣喘患者緩解的心理醫師，強烈建議我不要服用類固醇，因為具成癮性。他相信，也有許多證據證明，一旦開始服用類固醇，一段時間後就離不開它了。長期下來，根據每天服用的劑量或服用時間的長短，類固醇可能對各種器官帶來嚴重的負面影響。我用這個心理學家的建議來將自己的抗拒合理化，在罹患氣喘後的頭九個月拒絕服用類固醇，結果遭受嚴重的後果。那九個月，我的氣喘發作了好幾次，因此進了急診兩次、住院兩次。

我一直對這個決定很掙扎。六十七歲的我，有生以來第一次必須決定要不要跨出終身依賴藥物的第一步。在第九個月結束之際，情況已經很明顯。如果我想以可接受的方式活著——或僅僅是活著，就不能再拒絕服用類固醇了，因為我的氣喘發作愈來愈頻繁，也愈來愈嚴重。最後在醫生的堅持下，我同意試試五毫克的普賴松（prednisone）。這個藥物對我的病灶帶來顯著的改善，我幾乎恢復正常了。於是，我屈服於對類固醇的依賴，並預期（不是帶著渴望或快樂，但至少感到解脫）在未來繼續依賴類固醇。

## 優雅地接受幫助

有些時候，暫時的依賴是適當的。有一次旅行回到機場，我在行李提領處等著領兩個沉重的行李箱，此外，還提著幾件帶上飛機的隨身行李。我和飛機上鄰座的中年男子聊得很愉快，他主動表示要幫我把行李從行李輸送帶上取下來，然後拉到計程車站。我的第一個想法是，**我應付得來，我不需要這樣的幫忙。他顯然把我看成一個體弱、患有氣喘、而且背不好的老人。**我在談話中提到這兩個生理狀況。但第二個想法很快出現：**我一個人要應付這麼多行李確實很吃力，而且他真的很想幫忙。我可以讓力氣更大的他幫我。**最後我讓他幫我提了行李，由衷地向他道謝，而他似乎也對我的感謝非常滿意。

即使有充分的理由接受幫助，我們仍會因為自力更生的能力變低、依賴性變強而有一些情緒。首先，我們會有一種無力感和失去掌控的感覺，隨之而來的是自尊心的喪失，覺得自己有缺陷。如果你一直很獨立自主，要放棄（或被剝奪）那種掌控權並不好受。不論是把自己交給照顧者、權威者、專家，或是被藥物等醫療措施控制，都難以接受。對於一輩子崇尚獨立的人更是如此。在最終投降之前，你的內心可能會透過各種否認、抵制、拒絕大聲反抗。你可能需要一點時間來消化並接受這個事實。過程當中，你可能會有各種無助絕望的幻想，擔心自己變成植物人或得了失智症。獨立性和對生活的掌控受到限制，讓你深感挫折、生氣，想用各種合理及不合理的方式來抵制這種依賴性。你可能會想要隱藏或盡量減少你的依賴性，因為你不知道什麼程度跟什麼樣的依賴會引起絕望。依賴令你感到羞恥、難堪、絕望或被污名化嗎？

你對依賴性的感受有一部分取決於你依賴的人：他們是否具有同理心、同情心？對你的需求瞭不瞭解？是不是會在你可以自理和獨立的事情上鼓勵你呢？他們會用一種高高在上或同情的態度看你嗎？還是會在你更有能力或更具知識的領域，向你尋求協助呢？他們是否尊重你、與你溝通，告訴你依賴只是「你」的一部分，不是全部的你？

心理學家珍妮．貝爾斯基（Janet Belsky）在她寫的《掌控中高齡：後中年期生涯規畫》（*Here Tomorrow*）一書中，引用了一份研究，指出作為接受幫助的一方有多麼令人沮喪。這項研究發現，接受家人的幫助後，「如果不能以某種方式回報，來平衡對方的付出，會讓人倍感沮喪……所以，如果必須接受幫忙時，試著給一些回報，並解釋為了你的自尊，你必須這麼做。」[1]

---

1 Janet Belsky, *Here Tomorrow* (Baltimore: Johns Hopkins University Press, 1988), 132.

我們當中有些人從不承認自己需要依賴他人，有些人則已經做好隨時依賴他人的準備。還有一些人是以實事求是的方式來看待這件事，沒有太多情緒。或許，你可以找到那個難以捉摸的平衡點，以一種不傷及自尊的方式依賴他人：只有遇到真正需要以及合理的情況才接受幫助，拒絕你不需要的幫助。我的朋友大衛出車禍後，差不多可以恢復行動時，就迫不及待想要什麼都自己來。可以坐輪椅時，他不想要別人幫忙推，堅持要自己用手滑動。可以從輪椅上站起來時，他不想要別人幫忙支撐，堅持要自己站起來。可以用拐杖走路後，他不想要別人攙扶。他堅持自己上下車。被載回公寓時，馬路距離公寓門口大約還有五十英尺，而且有一點坡度，但他再度想要展現出他可以自己來，堅持拄著拐杖走完，不接受任何幫忙。他表示：「我想要盡可能自己來。」他辦到了。

## 希望與絕望

一位著名的詩人曾經說過：「希望之泉永不枯竭。」[2]可是他沒有提到失望與絕望也是會一再出現的情緒，特別在晚年。想要過喜樂充實的生活，我們必須發展出一種讓希望大過絕望的平衡，找到一個緩解或消弭絕望，讓希望占有主導地位的方法。

很少有人不在人生的各個時期同時經歷希望與絕望。隨著年紀增長，兩股反向力量之間的張力可能會愈來愈大，把它們調節到某種平衡狀態的需求也會愈來愈強烈。不管希望與絕望在我們心中，是以平衡的狀態並存、其中一方占主導地位，或是兩種情形交替出現，都是想要好好老去時必須關注的情緒。

我們可以把這些感受擺在一條線上來看，線的一端是絕對的絕望，另一端是無限的希望。我們在這條線上的位置可能是固定的，也可能是變化劇烈的。希望與絕望間的比例，會隨著時間而有所不同。你可以測試一下自己的「溫度」，看看你落在哪個位置。這條線的中間點代表兩種情緒處於不分勝負的狀態，或是在那個特定的時間點或狀況下，你既沒有感受到希望，也沒有感受到絕望。然而。有人可能會爭辯說，人至少要有一點希望才能堅持下去，即便這個希望夾雜著絕望。希望或絕望可以是一種對整體生活的概括性情緒，也可以是針對特定的人、事或情況的感受。

2 Alexander Pope, *An Essay on Man*, Epistle I, 95.

失去希望是一種什麼樣的體驗呢？那是一種黯然無光的感受，覺得不管是現在或將來，都不會有什麼好事發生。是一種整個宇宙被陰鬱占滿的感受，是對內在黑暗投降、一種傷心抑鬱的感受。你認為命運在跟你作對，厄運降臨到你身上，而你沒有能力改變那不幸的後果，你認為這種情況會持續下去，而且會愈來愈糟。

希望則是一種信心和期待，期待你冀望的事會來到。或許是因為單純的運氣，也可能是你付出努力的結果。希望是認為願望會實現的信念，能給生命帶來亮光、熱情、渴望，還有一種向前看的力量。希望能使人堅持下去——繼續奮鬥努力並克服重重困難。它讓你在艱難的環境中不接受被打敗，激勵你用對未來的信心戰勝困境。絕望要你預備放棄，告訴你：「何必麻煩？不要白費力氣。」有希望的一面則相信事情會出現轉機，正向的可能性會有開花結果的時候。希望關係到生命力量，提供我們不屈服於逆境的意志和決心。絕望要我們放棄，希望則教我們堅持下去。在絕望中，所有事情都會變得困難。帶著希望，我們覺得自己有能力撐下去。絕望中的生活是消極的，有如一攤死水。帶著希望的生活則在不停歇的行動中跳動著。

下面的表格比較了希望和絕望間的差異。如果希望和絕望能夠交談，它們之間的對話可能是這樣：

| 希望 | 絕望 |
| --- | --- |
| • 我活得不夠。我想要再活久一點。我的生命還沒結束。 | • 我受夠了，我想放棄了。我覺得我的生命已經結束。 |
| • 我應付得來，事情都在我的掌控中。 | • 我不知所措。 |
| • 我想要跟人維繫關係。 | • 我沒有跟人互動的欲望。 |
| • 學習新事物永遠不嫌遲。我想試著拓展我的興趣和追求的事物。 | • 現在嘗試任何新東西都嫌晚了。我只能這樣漫無目標、無所事事地度過每一天。 |
| • 我充滿活力、精力十足、熱情洋溢。 | • 我老了、累了，筋疲力盡，情緒低落。 |
| • 生活雖然跟以前不一樣了，但依舊美好且值得。 | • 所有美好的事物都成了過眼雲煙。未來只會淒涼、蕭索得讓人提不起勁。 |
| • 我試著讓自己的生命保持美好而有意義。 | • 生命是虛空的。 |

| 希望 | 絕望 |
| --- | --- |
| • 天亮時，我迫不及待想要起床，開始投入手邊的工作。 | • 我不想起床，不想面對新的一天。就讓我再多睡一會兒。 |
| • 我有好多事要做，時間不夠我用。 | • 我沒有做任何事的意願和欲望。生活是如此無趣、索然無味。 |
| • 我對生活有著濃厚的興趣，並積極參與。我希望有更多機會探索各種事物。 | • 這是我人生最糟糕的時刻，而且束手無策。沒有什麼幫得了我，任何事都沒辦法讓生命有價值、有意義或有貢獻。 |
| • 我從來不覺得無聊。 | • 我對生活倒盡胃口。沒有什麼事值得我去做。我總是感到無聊，對什麼都提不起興趣。 |
| • 我想要繼續蛻變成長。 | • 我盡力了。我不想再花任何精力改變。 |
| • 我覺得我對某些人很重要，我以我的方式為他們付出貢獻。 | • 我對什麼人都不重要，也沒有任何人或事情對我是重要的。 |

| | |
|---|---|
| • 我對未來很有安全感，沒有太多恐懼。 | • 我對未來感到害怕無助。我覺得自己完全任它擺布。 |
| • 我會照顧自己，注意不要受傷。我留意自己的健康，包括生理和心理層面。 | • 我因為大意而受傷，包括生理和心理。我任由自己的情況變糟，沒有試著阻止。 |
| • 變老是邁向新的、意想不到事物的過渡期。每一天都可能帶來新的人際關係、想法、感受、經驗、理解和發現。 | • 老年是個停滯、惡化的時期。它意味著結束，沒有應許、沒有吸引力，只有無法抗拒的憂悶、空虛與淒涼。 |
| • 我的能量流動順暢無礙。儘管生病或處於逆境，我仍試著保持積極的態度。 | • 我感到既難過又疲憊，生命沉重且令人厭惡。疾病和逆境決定了我的心情，往往黯淡無光，壓得我喘不過氣。 |
| • 我試著拓展興趣和追求的事物。我有目標、有方向，我有想做的事和做這些事的理由。 | • 我限制了我的興趣和追求，每天過著漫無目標、無所事事的生活。 |
| • 我通常是樂觀且充滿熱情的。 | • 我通常是悲觀且委靡不振的。 |

## 絕望是從哪裡來的

絕望的來源比希望容易辨識，我們可以列出一長串清單。絕望可以源自艱辛、痛苦和不安的成長過程；疾病或是其他的不幸和逆境；生物性的體質；低落的情緒狀態；對死亡的恐懼；遭親近的人背叛或遺棄，對某個人、某些狀況或某段關係感到失望；父母、配偶或子女的死亡。

心理或生理上的衰退或功能障礙，以及寂寞、疲憊、無所事事，或是認為自己做的事沒有目標和價值，都會將我們帶進絕望的深淵。

當然，絕望的來源不只上述這些，而這些狀況也未必會讓我們陷入絕望。

我記得在我氣喘最嚴重的時期，我認為自己的身體機能和感受都回不到從前的狀態。那種絕望讓我產生了「放棄」的衝動——向疾病低頭、什麼都不想做，抑鬱的我只能以最低限度的生存狀態活著。然而，我裡面有個微弱的聲音說道：**「我不會放棄。我要努力找回生命的立足點。就算我控制不了這個疾病，我也不會讓它控制我的心情、態度和情緒。」**隨著情況愈來愈糟，我也愈下定決心要從這痛苦中學習，並從中受益。在沮喪和希望交替出現時，我清楚感受到內心正在進行一場激烈的鬥爭：**我想活著，還是**

**死去？**雖然有一部分的我已經做好接受死亡的準備，不想再繼續受折磨，但還有一部分的我頑強地選擇活下去，不打算放棄。這場更大的鬥爭（究竟我對生命和活著的主要情緒取向是希望還是絕望，要為生命而戰還是放棄），涉及了希望與絕望之間的競爭，而這樣的競爭不斷上演。在我觀察著自己的呼吸變化、吸氣和呼氣的輕與重、胸腔的緊縮和放鬆、能量的減少與增加時；在我被氣喘發作打敗，害怕自己隨時有可能從此無法動彈，但那一刻過去之後，又對接下來不會有任何嚴重的事情發生充滿了信心——這些大大小小的跡象都伴隨著熱烈的希望和沮喪的絕望。如果這個跡象是負面的（例如我覺得胸口有點悶、痰卡住了咳不出來、喘氣明顯），我便會陷入絕望。下一刻或是下個小時，當胸口又放鬆不喘了，我便再度燃起希望，相信自己可以戰勝疾病。同時出現多種症狀時，我想著我會繼續惡化，直到成為徹底沒有希望的人。當這些症狀消退，在一天內有一個小時的解脫（或是不那麼痛苦）時，我就再度被注入一劑希望。我觀察著希望和絕望間的潮起潮落，在害怕最糟的事發生與期待好事發生之間擺盪著。我開始跟它們帶來的影響，以及產生的過程保持距離，從旁觀察當中的模式和變化，逐漸理出我對希望與絕望的反應何時出現、怎麼出現，也因此感到滿足。退居為觀察者後，我慢慢發現，不管身體狀況如何，我都對我的絕望擁有一些掌控能力了。

## 在哪裡尋找希望

我們必須知道希望的來源，並找到它們。

**以下是幾個例子：**

- 各種好運。
- 幸福的遺傳傾向。
- 孫輩的到來。
- 向充滿希望、可以作為榜樣的人學習。
- 精神上的信仰。
- 學習有助於振奮希望的故事和境遇，像是勇敢而高尚的行為（例如藏匿猶太人，避免他們遭納粹迫害的社區合作，或致力於防止瀕危物種被偷獵的組織）。
- 受到他人有建設性和創造性的行動，或克服重重難關、最後成功的例子所啟發。

- 接觸比自己年輕、成長與發展讓你感興趣、想要共同參與的人。
- 讓人覺得有意義、感到滿意的個人和社會環境。
- 充滿愛的成長經歷。
- 在任何領域的成功經驗。
- 持續參與你認為有意義的活動。
- 和一人或是多人持續維繫有愛的關係。

**如何在絕望之處喚醒希望？**兩者都存在時，要怎麼讓希望勝過絕望呢？怎麼強化希望，讓它持續在生活中扮演比絕望更重要的角色？當絕望以強大的姿態出現在我們面前時，要如何用它來鍛鍊自己，同時懷抱它或抵制它？如何學習放下絕望或將之轉化？最後，怎麼將兩邊做最好的結合與平衡？希望之美，在於它體現了對生命、對自己和對他人的信心。從最廣泛的意義來看，這意味著我們相信在堅持努力下，希望可以帶我們走向自我療癒、一個充滿關懷的社區和更美好的世界。

你是否能實現我提議的三個目標：與自己的議題達成和解、好好老去和成為最好的自己，有一大部分取決於這兩股力量（令人充滿活力的希望和令人失去活力的絕望）之間的平衡。在你努力追求美好而有意義的晚年生活時，哪一邊的力量占優勢呢？這種緊張的關係構成並影響著上面討論到的各種難題，而你解決這些問題的方式，將對你的人生帶來持續性的影響。

這兩股反向力量之間的張力、衝突和拉鋸戰，若是過於持久、強烈，未得到解決，就會開始支配你的情緒，耗盡你的能量，讓你無法全心提高你的生活品質。因此，找到平衡、盡快解決這些問題，就變得至關重要。下面是我的建議。

積極且全面地投入生活；盡可能面對事實；盡可能獨立自主；對未來存著希望、抱持樂觀；維持親密的人際關係，但是需要獨處的時候就獨處；把精力花在讓你可以參與世界的計畫。抵擋往消極、孤立、與社會脫離的方向發展的拉力。盡量不依賴他人，但是在需要依賴他人的時候，不要抗拒。盡全力征服絕望，尋找希望。

# 4 擴展我們的覺知

自由的極點，是我們的意識可即之處。

——《鍊金術研究》(*Alchemical Studies*)，瑞士心理學家卡爾・榮格

想要好好老去，並成為最好的我們所需要的眾多工具，都可以用「覺知」這個詞來總結。只要將我們的覺知盡量擴展，就能找到問題所在和解決問題的方案，進而追求我們的目標。這一章，我們將討論幾個擴展覺知的方法，以及如何利用擴展的覺知，來讓我們的晚年達到最佳狀況。

我們和其他動物最大的不同之一，是我們有能力思考自己、思考別人，以及我們的

所見所聞。也就是說，我們既可以**自我**反思，也可以對外在的世界進行反思。我們可以用最複雜的方式來思考自己的生命，將理解力延伸到各個層面。我們可以思索過去和未來、手段和目的，以及它們之間的連結。

因為這種人類特有的能力，所以我們可以學習發展覺知，對加諸在自己身上的事物帶來的影響更有自覺。我們可以成為更細心、更敏銳的觀察者，並學習更清楚地察覺自己的思想、感受、行為與互動。

發生在我們身上的事有太多可以留意了，然而有太多時候，我們是以無人駕駛、半睡半醒的狀態在過日子！

休士頓・史密斯（Huston Smith）在他的著作《世界的宗教：我們偉大的智慧傳統》（*The World's Religions: Our Great Wisdom Traditions*）中寫道，佛陀相信「自由——從無意識、機器人般的存在獲得解脫，靠的是自我覺知的實現。為此，他堅持我們要深入地瞭解自己，『如實地』細看每一件事」。[1]

覺知是一種獨特的保命能力，沒有它，我們會活得非常辛苦，甚至會活不成。每個人都有一定程度的覺知，但我們都有潛力提高我們的覺知。當然，有些事物會干擾我們，讓我們分心、心不在焉、注意力不集中，妨礙覺知的擴展，阻止我們成為更具覺知的人。這樣的擴展或許跟我們長期以來的習慣不符，但是只要持續努力，我們會有很豐盛的收穫。

**擴展覺知可以幫助我們……**

……發展有智慧且積極的人性；

……增加我們對生活的好奇心、興奮度與參與度；

……提高我們的觀察敏銳度，讓我們更瞭解自己的精神狀態、身體、機能、人際關係和經驗；

……更清楚看見我們的內在現實與外在現實的連結；

……更容易察覺我們遇到的老年歧視與成見；

……讓我們有能力創造自己想要的身分；

---

1 Huston Smith, *The World's Religions* (New York: HarperCollins, 1991), 110.

……更能掌控發生在我們身上的事；

……更能抵抗老化帶來的負面傾向，像是消極被動、空虛無聊；

……更可以透過認識老化的本質，應付隨之而來的困難；

……更富有同理心；

……對自己有更清晰、更全面的瞭解，進而提高自尊；

……在我們失衡時，重新建立平衡；

……看到現在的自己，並與我們想要成為的自己進行比較。

那麼，我們要如何擴展覺知呢？聽起來很老套的「停、看、聽」或許是最好的起點。「停」指的是多留意。「看」和「聽」指的是以不同以往的方式，用心觀察並深入探究眼前的事實。這麼一來，我們的覺知便可以從不專注、心不在焉、漫不經心，變得專注、掌握方向且富有思維能力。這樣的覺知有助於提高我們的敏感度，讓我們更加留意發生在自身和周圍的事物，以及自己正在做的事。當然，我們平常都是在無意中進行這樣的過程，只是沒帶著太多的想法。現在我們可以讓這個過程更有覺知、更充實，而不僅止於習慣而已。

以下這些擴展覺知的方法，對我個人很有幫助，相信大家也能受惠。看看哪些你覺得有趣，跟著做做看，經過一番練習，或許你也會樂此不疲。

## 觀看

我們可以用一種輕鬆悠閒的方式**凝視**某個場景，只是單純地欣賞它。我們可以專注於周圍視野，以及視覺焦點上的影像顏色與動靜。我們可以**掃視**一個社交場景，從中找到我們認為有趣、具威脅性，或是重要的地方。這裡的重點是直覺地接受眼前的一切——試著掌握整體。接著，內容物和細節會自然而然進入焦點。這樣的觀看需要盡可能跟隨所有事件的流動，欣賞它們的全貌。

**日本**

我在日本的一座花園，眼前的美景教我嘆爲觀止。我想要飽覽一切，將它們盡收眼底：別致的池塘、盛開的花朵、形狀和設計各異其趣的樹叢、難以描述的氛圍、錯落有致的草木，每個安排都恰到好處。將整個景象收進大腦之後，我開始試著領受這神奇的美景。這樣的體驗千載難逢，只可惜我不能在京都多待幾天！

## 往外看

觀看的訓練，為我們做好往外看的準備。往外看的時候，要看的是周遭的所有細節，盡可能將它們清晰準確地帶入焦點。看到的東西愈多，我們就愈想要繼續看，同時更有深度地觀看。

我們可以從自己的角度，仔細觀察別人正在做的事，也可以觀察整個情境中的事與人（包括我們自己），還可以留意自己與他人的互動。如果訊息一下子太多，就先專注在我們覺得重要的地方。

我們可以用直覺留心觀察到的事物，盡可能有覺知地將它們吸收進來。往外看也意味著看這些事物如何影響我們，在何時何地影響。

**紐約地鐵**

每次到紐約，我的恐懼就會上升。那裡有太多暴力事件、太多關於暴力的故事！進到地鐵站，站在月台上等車時，我先掃視周圍的景象。這裡有多少人？什麼人？他們長什麼樣子？他們身上帶了什麼東西？他們跟我的相對位置如何？遠還是近？有沒有哪個人看起來像危險分子？接著，我把焦點放在某個人，或是某個團體，因爲他們看起來有點像是……侵略者？攻擊者？小偷？我直盯著他們。他們在做什麼？往哪個方向移動？有沒有異於一般乘客的舉動？我試著注意每個最細微的暗示或線索，同時留意著自己的內心狀態。我夠警覺嗎？不至於因爲過於恐懼而反應不及吧？我的觀察力有沒有因爲這樣受到影響？我試著聽那些人發出的聲音，留意他們臉上的表情。他們是否在施行什麼虛假欺騙的伎倆？我可以從他們的談話內容和語氣察覺到威脅嗎？我看得出他們有沒有帶武器？月台上的其他人有什麼反應？這些「被我看出來的人」怎麼移動？往哪個方向去？然後，我開始問自己：我太過謹愼了嗎？還是不夠謹愼呢？我誇大了自己的觀察，還是低估了？我在觀察他人的行爲與自己的內在反應之間，反覆來回。這一切發生得很快。車到了，「他們」沒有跟我一起上車，我鬆了一口氣，我的警報解除了。

到了車上，我開始跟自己對話。我這是愚蠢，還是就事論事？這麼謹愼害怕合理嗎？也許我對紐約地鐵的解讀錯誤了？至少這次是這樣。我這麼緊張是因爲膽子太小嗎？還是我有充分的理由擔心可能會遇到麻煩？萬一眞的發生襲擊，這種覺察意識有幫助嗎？或者只是滿足了我覺得要做好準備的需求？接著我感到有些內疚，我不該懷疑那些無辜、沒有惡意的人。我從這件事學到了什麼？我下次會做更好的準備嗎？離開現場時，我心想，我寧可顧好我的安全，也不要事後後悔。

## 往內看

接下來我們要對眼前所見的一切深入探究，心無旁鶩地瞭解我們看到的景況的核心。試著打開心門，把五官、動覺，還有從經驗而來的**直覺**全部用上。這代表全神貫注地聆聽說話者的用字、聲音和細微之處，同時瞭解他想要表達的意思或意圖。這代表我們還要感受對方在傳達內容時的情感基調，是強烈還是平淡。我們最初觀察到的東西可能很模糊、混亂，或是沒能留下深刻的印象。但隨著我們將場景分解成更小組成分子的經驗愈來愈豐富，我們的印象會愈來愈清晰，輪廓也會愈來愈鮮明。最後，我們開始見到事情發生時的動作、互動，以及有條理和缺乏條理之處。

除了明察外在的情境，往內看還包括觀察自身對所處情境的反應和內心狀態。這麼做會讓我們更清楚自己觀察到了什麼，還可以利用心靈與理智過濾觀察的結果，發掘其重要性。接著我們繼續往內看，發掘我們在觀察情境時的想法、感受、身體知覺、態度、認知，以及那隱約存在的理解。它們會在我們的覺知中進進出出，然後趨於穩定，最後被吸收轉化成我們的經驗。

## 我的身體

爲了應付氣喘，我不得不經常關注身體。我每六個小時得吸一次支氣管擴張劑，每天得噴兩次另一種噴劑，還要服用一顆類固醇，這一切讓我不得不去關注身體。除了這些必要的關注，我還經常以一種事不關己、好奇和探查般的眼光，觀察發生在自己身上的事。我發現類固醇讓我的手臂碰觸硬物時，很容易留下瘀傷。因爲這樣，我的手背和手臂上有一些非常明顯的斑點。

這些瘀傷在我的皮膚上留下大大小小、鮮紅色和玫瑰色交雜的色塊——我有點喜歡它們在手臂上凸顯出來的樣子。這是我體內有太多類固醇的跡象，然而，它們卻有種吸引力。瘀青跟其餘的皮膚不一樣，孤然而立，像是外來者，而我也珍視這一面的我。所以，我對這些瘀傷不是太反感。除此之外，我也知道它們過段時間就會消失。它們存在的期間，爲我平凡無奇的手臂添加了一些有趣的裝飾。

另外，我眼前有時會短暫閃過一些東西，我會聽到自己哮喘、呼吸急促的聲音。這對我來說是既陌生又熟悉。我對我看到、聽到、感覺到和直覺發現的東西感到害怕，同時也很好奇。看著我的身體經歷這些微小的改變，我盡全力尋找令人滿意的解決辦法。喘不過氣，稍微動一下就感到疲憊、氣喘吁吁，都是危險的信號。即使吃了藥，也不是完全沒有問題，所以我必須一直留意這些狀況、花心思在上面。這讓我不勝其擾。

只要一感冒，我的肺部就會感染，接著是痰卡在肺部深處，咳不出來。爲了把痰清出來，我得費力咳上好幾分鐘，甚至半小時。直到咳到一個奇特的點，終於可以把痰咳出來，每咳一下，就清出更多的痰，直到肺部終於感到清爽。這個過程很耗時，結束時我已經筋疲力盡。只能咳出少量的痰時，我愈咳愈累，這時咳嗽的成效也愈差，害我更加擔心。我的精神愈差，就愈沒有力氣咳嗽。每咳出一點痰，就代表有多一點空氣可以進入肺裡。等到我不再哮喘、不再咳嗽，有乾淨清新的空氣暢行無阻地流進肺部時，我就知道所有的痰都被咳出來了。這時的我如釋重負。我發現將這個過程以文字記錄下來，會是一件有趣且有幫助的事。把它在紙上具體化，有助於消除一些不適。寫作時，我可以回顧這整個經驗，它和我當時的感受很不一樣。觀察這個過程並寫下來，能幫助我保持平衡。

觀察自己，並在咳嗽發作時記筆記對我很有助益。因此，我給寫作和咳嗽同等的時間。要在咳嗽間，或是咳嗽完立刻記筆記並不容易。我也發現咳嗽讓我非常疲憊，我不禁想，這就是很老很老的感覺吧。我還發現，戰勝咳嗽帶給我一種滿足感。儘管呼吸急促、肺部積痰讓我焦慮，但我對於自己還有力氣、意志和力量與之搏鬥，不輕易倒下或屈服，感到滿足。對我而言，戰鬥的過程和勝利一樣重要，因爲在戰鬥中，我感受到我的生命能量也在努力變得強大，並堅持下去。如果我能持續參與、關注這個過程的發展與消退，我想要的結果就會自然發生。

我知道任何勝利都是暫時的。下一場戰鬥必然到來，接著是下一場，直到一切結束，不再有戰鬥爲止。在那之前，我會在戰鬥與戰鬥之間盡情地活著。

## 反省

隨著觀察而來的是自我反省。事情發生的當下，我們很難理出頭緒、完全消化它、明白它更深層的意義，或是發現它與其他事件或經驗之間的關聯。只有在事後，才能真正汲取全部的意義。我們可以試著讓存在我們記憶外圍的想法和思維浮出水面，看看外圍的覺知是不是提供了什麼新的資訊。在觀察了某個事件、情況或關係後，能對覺知的本質和過程進行反思是件好事。這時，我們可以深入探究這些過程，可能開始認識到，我們其實是透過詮釋性的鏡頭在過濾想法和感受，這個鏡頭既能拓展，也能限制我們的視野和覺知。如果想要更正確無誤、更全面地發展覺知，就必須試著超越這些限制。這不是件容易的事。

**反省發生在：**

**觀察我們的觀察時**。我們可以看著自己，利用想像力將之前的觀察形象化，試著回想並重建當時的場景，找出可能被我們扭曲或誤解的地方。問問自己：我的觀察準確嗎？哪些地方容易出現誤差？我遺漏了什麼？怎麼知道我遺漏了什麼？在回顧過程中，有沒有什麼原本位在周圍視覺，而我先前沒注意的事物浮現？

**觀看我們的觀看時**。我們的觀看體驗如何？有東西打斷我們的觀看，令我們分心或受限嗎？我們看到的足以代表發生的事情嗎？我們可以看到自己在觀看眼前的場景嗎？我們眼裡看到的自己是什麼樣子？

**留意我們的留意時**。當我們留意到外界發生的事物時，想像或捕捉自己的影像。我們的留意程度足以應付當時的狀況嗎？留意之後，我們接收到什麼？我們對自己的留意有什麼樣的感受？

**感覺我們的感覺時**。我們的感官印象、身體訊號和直覺，在當時有充分發揮嗎？如果沒有，我們可以在事後補充嗎？

**聆聽我們的聆聽時**。我聽到的聲音清晰可辨嗎？我們的溝通理解正確嗎？我們的文字和溝通可能遭到曲解嗎？可能出現跟我們不同的解讀嗎？如果有空白之處，有可能將它填滿嗎？

**專注在我們的專注時**。我們可以仔細檢視評估自己的專注力是否夠堅定、集中？是否飄忽不定？遇到干擾時，可以採取什麼行動？可以透過練習加強我們的專注力嗎？

**反應我們的反應時**。我們對自己當時的反應有什麼感受？是否恰當且符合當下的場景與發生的事件？還是干擾了我們覺知的完整流動？

**感知我們的感知時**。我們如今相信，將外在事件轉化成內在經驗的過程，也就是我們吸收和過濾外部事件的方式，是合理的嗎？對於我們內在對這些事件的理解，有任何疑問嗎？

**經驗我們的經驗時**。現在看看自己，作為當初擁有那些經驗的人，這些經驗看起來「對」嗎？我們真的是擁有那些經驗的人嗎？那些確實是我們有過的經驗嗎？回顧這些經驗時，我們有什麼樣的感受、想法和見解呢？

**感受我們的感受時**。當時的感受跟我們現在認為當時產生的感受一致嗎？我們是不是加油添醋了？我們會以相同的方式描述當時的感受嗎？或是會修改我們的描述呢？

**覺知我們的覺知時**。我們對觀察特定事件或場景後形成的覺知，有多少瞭解？這就是我們要打包帶走的覺知嗎？還有拓展空間嗎？我們可以想到什麼擴展覺知的方法？

**意外事件**

我在街上目睹一場意外事故。有人受傷了，我不太敢仔細看，因爲太可怕了。到最後我還是強迫自己看了。好像是個年輕人從摩托車前方翻了下來，傷了膝蓋。周圍的人都在試著幫忙。我坐在自己的車裡，等著看後續發展。很快地，一台救護車來把他帶走了。我意識到心裡有一股不安升起。我開始擔心起在西藏旅行的兒子，突然覺得他可能會遭遇危險，因而受傷。我幻想可能發生在他身上的種種意外。他開著卡車走在狹窄的山路上，結果跌落山谷。他去到偏僻的地方，在那裡被盜賊襲擊了。他獨自去到一處偏僻的地方，跌倒傷到了腳踝，周圍卻沒有人可以幫他。我及時讓自己停下這些幻想，回頭看我想像出來這些可怕的事，告訴自己：「看看你製造出來的這些令人不安的幻想！爲什麼要這樣？停下來。」我停止幻想，不懂爲什麼剛才要讓自己陷入這種焦慮不安的情緒。

拓展覺知的挑戰是將自己推到覺知的外部邊緣，這麼做才有機會超越它。下一步挑戰則是更敏銳、更深入地注意我們在日常生活中所做、所想和所感受到的一切。

## 記得

「遺忘」的威脅始終存在，特別是我們很努力想要記得某件事的時候。下面是一些我認為可以幫助記憶的技巧。

可以的話，趁自己還記得立即把任務完成。縮短思考與行動相隔的時間，可以減少忘記的情形。

嘗試一次只關注一件事，把所有注意力放在這件事上。專注！不要讓無關的念頭、情感和幻想打擾你。學習將干擾你當前記憶的事物擱下來，暫時擱到一旁。等到你確定要記得的事不會忘掉，例如已經寫下來或已經完成，再允許那些事物打擾你。

在腦海中不斷重複你想要記得的事情。重複的同時，有意識地回想，直到把它深深刻在記憶之中，有把握不會忘記為止。

仔細檢查，確認你已經完成你認為做完的事。你是否曾經想到要做某件事（例如把窗簾拉上），以為自己做了，但實際上沒有做？事後才很懊惱地發現窗簾還開著？再次檢查絕對有好處。

開發一些幫助記憶的技巧。例如，把事情寫在紙上，放在你一定會經過或者不會忽略的地方。舉個例子，我知道我下午兩點得吃藥。如果我在下午一點想起這件事，就把藥放在我面前，讓它一直停留在我的視線中。

最後，給自己一點耐心。當你忘了想要記得的事情，稍等一下。愈是強迫自己想起來，通常愈想不起來。可是當我們放鬆心情，或是接受「晚一點會想起來」的念頭，被遺忘的事情往往會在某個時間點自然地想起來。

## 客觀與超然

我們都希望保持完全的客觀，排除所有偏見對我們的影響，但這是不可能做到的。我們不可能完全客觀地看待自己，也不可能將偏見從我們對親人、人際關係、觀察到的事物和社會的看法中去除。但這不表示我們不能比現在更客觀。我們可以試著留意並減少我們看待事情時的偏好和先入為主的情形。我們可以試著讓我們的觀察和詮釋少受一點自身利益的影響，或是擺脫用慣性反應解讀的傾向。

為了讓我們的覺知更符合現實，必須盡可能放下成見、刻板印象和習慣性的扭曲。特別要留意的是，我們的文化也會讓我們傾向採取特定的詮釋和理解。

我們所處的文化賦予我們看世界的鏡頭。這些鏡頭的視野可寬闊、可狹窄，聚焦可銳利、可模糊，可以是顯微鏡，也可以是望遠鏡，會縮小、放大我們的認知，讓它變得更模糊或更清晰。我們沒辦法不在這些鏡頭下運作，而它們確實無法避免地受到偏見、禁忌及許多文化加諸的限制所影響。如果我們想要發展清晰、正確且完整的覺知，就必須認出並超越這些蒙蔽我們覺知的障礙。

為了體驗更貼近真相帶來的滿足感與力量，努力追求比平常更客觀超然的態度是值得的。

我們的觀察、覺知和經驗是否有效或真確，有一部分取決於我們看待事情的態度是否夠超然客觀。涉及價值觀、感受和欲望時，更是如此。大多數人傾向看自己想看的、聽自己想聽的，為自己想要相信的事物尋找證據，面對挑戰我們信念的人抱持負面的態度，也因此不接受反向的觀點。我們理所當然認為大部分的事情就該如此；從常規、可接受的知識角度看待事情時，也以為自己是客觀的。

別害怕接受那些聽起來截然不同、新奇大膽的觀點。即便這麼做乍看沒什麼好處，但是經過一番深思熟慮和檢驗後，或許會擴展我們的思維與視野，讓我們見識到從前未曾得知的可能性，並刺激我們的想像力去看事情的「另一面」。

美國前國防部長克拉克．克里弗德（Clark Clifford）於一九九一年四月一日在《紐約客》（*New Yorker*）發表的文章，就提到了怎麼變得更客觀：

甘迺迪總統在壓力下保持客觀的能力異於常人。有時候，我覺得他在處理個人或工作上的危機時，可以像在看別人的問題一樣，跳脫自己的框架。在討論棘手的議題時，他的思維彷彿離開了他的身體，以一種超脫、近乎幽默的態度在觀看這一切。彷彿他裡面有個聲音在說：「這個問題現在看起來似乎很重要，但是五十年後呢？一年後呢？我不能讓自己過於投入，以免我的判斷失了準。」[2]

當我們努力做到下面這些事情，我們會變得更客觀，偏見也會減少……

……盡量不去論斷或評價他人的行為，這樣可以讓我們更清楚地看見真相。

……致力追求真相，即便這麼做並不符合我們自身的利益。

……在某個情景、互動或人際關係中發現偏見時，可以主動壓制，或者至少留意它們的存在。

……質疑那些被我們視為教條般的信念，就算一下子也好。看看如果我們不這麼相信，會有什麼後果。

……遇到抱持跟我們完全相反信念的人時，先跳脫自己的立場。承認這些對立的價值觀儘管跟我們的截然不同，也可能有其道理。仔細聆聽這些相反的觀點，以理解它們的意義和意圖。就算我們的看法沒有改變，也會比以前更明白或尊重對方的立場。

---

2 Clark Clifford and Richard Holbrooke, "Serving the President: The Truman Years-II," *New Yorker*, April 1, 1991, 67.

……有系統地回顧我們的文化是如何塑造我們：我們習以為常的思維模式和感受；我們的價值觀；我們對人性和人類境況的假設，該怎麼生活，該有哪些制約。認識這些文化習慣，盡可能充分瞭解它們，並自問是不是真的完全接受所有的內容，以及為什麼。然後，試著超越那些你無法接受或質疑的觀點。

……當某項討論或辯論出現多個不同的觀點時，「試驗」每一個觀點，盡可能理性地和自己的觀點比較。然後試著從每個觀點出發，看看它是如何影響你的想法和感受。

……拿自己的文化，和大相徑庭的另一個文化進行價值觀和意識形態的比較。試著調和相異之處，或是證明自己的文化價值是合理的。

……試著以有別於既往的方式看待事情或世界。

……撇開自我以及自己所處的景況，像外人一樣地從外面觀察自己和自己的信念。

## 我的班級

我教授的某一門課，要求所有學生每一堂課都得出席，如果沒辦法到，上課前要告訴我。某天，一個學生缺席了，但是沒有打電話給我，讓我不是很開心。所以下一堂課她到的時候，我問她爲什麼沒來上課。她告訴我她媽媽過世了。我回她：「那沒關係。」（我的意思是她那堂課缺席是可以接受的。）但是我話一說出口，立刻發現我的回覆很冷淡無情、沒有人性。我很快地道歉，並向她致哀。然後反省自己的態度和反應有多麼侷限且狹隘，我很好奇是什麼原因，讓我把身爲老師的反應擺在身爲人的反應前面。我的結論是，我過於注重維護規矩和執行規矩的權威，所以沒能給她作爲一個人該有的反應。我不喜歡自己的反應，發誓再也不會讓這種事發生了。

## 觀點

因為我們活了很長一段時間，所以我們的覺知、思考和理解都受到多年的經驗影響。我們面對過危機、處理過危機，知道事情會如何隨著時間變化，我們經歷過突如其來的困難和意外，知道生命的脆弱與不確定性，因此變得老練而堅強。在最慎重深思之際，我們為生活凝聚出一種哲學觀點，可以穿透當下的生活情境，影響我們看待自己、他人和世界的方式，並給所有的事情一個解釋。這個觀點可以幫助我們看到事情以外及背後的東西，提供一個看待自己的生命與世界的制高點與參考框架。因此，我們需要的是一個寬廣而深入的視角……

……將深刻恆久的價值觀、信念、行為模式，和那些短暫、暫時、膚淺的區分開來。

……更充分地覺知到人類世代相傳的延續鏈，視自己為人類演化過程中的載體和中繼站。

……洞察生與死的聯繫與感傷。

……接受生活的複雜性，同時也欣賞它的簡單之處。

……將每個人視作成人，又具有赤子之心。

……思考機會與意外在我們的命運中扮演的角色。

……欣賞人類種族的延續性，即便沒有一個人可以永遠活著，生命依舊得以傳承。

……明白我們屬於一個更大的群體——人類的一部分，想想如何貢獻一己之力。

……想想我們是不是都有一個既定的生命走向，如果是，會是什麼？

……突破一個人、一件事或一段關係的表面，深入瞭解其中的內涵與事實。

……瞭解生命的潛力與限制。

……將我們的目光擴大到眼前可見的範圍之外，不單是關注身邊的事物，也關注世界的問題。

……以更廣闊的觀點看待這個星球上互相依存的生命，特別是我們與大自然的依存關係。

……發揮想像力，對我們感興趣的事物提出新奇、有創意的想法。

……以歷史性和跨越文化的角度看待現在與過去的關聯，以及我們的文化與其他文化的關聯。

……不只看到人類歷史中的我們，還要從宇宙的觀點去看處於行星和宇宙歷史中的我們。

……找到人類行為的基本原則和普遍真理，發展出大家能夠尊重並實踐的道德。深刻而長遠的觀點可以拓展我們的人格界限，對人格發展有重要貢獻。

七十九歲的瑪麗安認為生命是一連串偶然隨機的事件。這些事件都是從一些小事開始，然後才滾雪球式地發展成重要事件，進而拓展她的人性和智慧。因此，在她看來，機遇、小事情和突發事件才是塑造並決定人生方向的最重要因素。

## 冥想與禱告

每天花點時間禱告或冥想，可以大大拓展我們的覺知。冥想可以讓我們心平氣和，增強注意力。冥想的形態有很多種，大都是花一段時間靜坐，專注在某件規律不變的事物，像是呼吸或咒語，練習沉澱心靈。這種精神操練要是能每天進行的話，可以帶來莫大好處。

哈佛醫學院的赫伯特・本森（Herbert Benson）醫生，針對冥想為健康帶來的好處做了大量研究。除了讓我們感受到平靜放鬆、精神得以恢復之外，他發現冥想會讓腦波發生實質的變化，而這樣的改變能改善頭痛、高血壓等眾多身體狀況。本森醫生的報告指出，在執行他稱為「放鬆反應」（Relaxation Response）的改良式冥想兩個月後，一位原本患有嚴重焦慮症，經常感到緊張害怕和擔憂的年輕人表示，他鮮少再受到焦慮症發作的困擾……簡言之，他認為放鬆反應讓他的生活有了顯著改善。[3]

禱告是個人與自己理解或信仰的靈性事實之間，非常私密的活動。無論是每天進行簡短的禱告，或是沒那麼頻繁地進行，都可以讓心靈、思緒平靜，覺得自己跟一股更強大的力量有所連結。讓心安靜下來，可以更專注面對生活上各種複雜的問題。靈性上的連結與慰藉可以拓展我們的覺知。單單透過全然的接受，並冷靜觀察我們對一個問題的想法與感受，就能獲得平時想不到的解決方案和見解。

3 Herbert Benson, *The Relaxation Response* (New York: William Morrow and Company, 1985), 166.

# 幽默

能夠覺察到詼諧滑稽、有趣好笑的狀況，代表你具有一定的客觀程度。培養和表達幽默感可以是一個目標，也可以是一種客觀的表現。當我們可以拿某件事開玩笑，尤其是拿自己開玩笑時，表示我們可以從中跳脫出來，自我解嘲。這樣的經驗開啟了一種新的視角，讓我們用不同的眼光看自己。幽默和笑聲是很寶貴的情感釋放，可以讓當下變得歡樂、活潑有趣。幽默可以緩解壓力和不安、減輕焦慮，讓沉重的氣氛變輕鬆，還可以幫助我們應付頑固和負面的人。在團體中，幽默可以營造一種舒適的共享感受，讓參與其中的人都能體驗到彼此共通的人性。

諾曼．考辛斯（Norman Cousins）是以笑聲治療疾病的先驅。他病重住院時，每天都會看馬爾克斯兄弟（Marx Brothers）的喜劇電影，讓自己大笑數小時。在那之後，就不斷有研究指出開懷大笑可以提升免疫能力，減少壓力帶來的影響。開懷大笑和開玩笑，對生理和心理健康帶來的好處不容置疑。考辛斯寫道：「確實有效。我發現捧腹大笑十分鐘有麻醉的效果，能讓我不感疼痛地好好睡上至少兩小時。大笑的止痛效果退去後，我就再看一次電影，這麼做通常又可以帶來另一波無痛期。」[4]

上述這些作法都可以拓展我們的覺知，重點是必須付出努力、多練習並持之以恆。採用的方法愈多，我們的覺知就愈寬廣，獲得的回報也愈大。

4 Norman Cousins, *Anatomy of an Illness as Perceived by the Patient: Reflections on Healing and Regeneration* (New York: W.W. Norton & Company, 1979), 39-40.

# 5 老年歧視與年齡定型

老年歧視是一種貶低老人、歧視老人的污名化偏見，不僅否定我們的人性，也減少我們擁有幸福、有價值生活的機會。這種態度深植於大部分人的心中，但是人們通常不會意識到，以至於當我們成為受害者時，我們認不出來，當我們是加害者時，也一樣渾然不知。

我想要介紹「年齡定型」（age-casting）這個新詞彙，來放大老年歧視的概念。它可以用來描述因為年紀而強加在我們身上的限制與排斥。就像某些演員，我們被定型在某種刻板角色——這裡指的是「老人」（和它的許多子類別）的角色。我們被歸類在一個獨立的類別，被期待在無限期的未來扮演這個角色——一個被給予負面期望、沒有太多要求，卻有諸多限制、被貶低的角色。年齡歧視的否定標籤，加上年齡定型的負面影響，讓我們背負了被限制和貶低的身分，被迫跟社會的其他人區分開來。因此，我們不被視為真正的人，而是年齡歧視投射出來的影子。

但我們不該被年齡歧視或年齡定型的期待支配。我們依舊可以追求我們選定的目標，即便（或說特別是）這些目標與他人的期待背道而馳。我們也可以展現通常被認定是年輕人專屬的樣貌：熱情、活潑、專注、有活力、樂觀迎向未來。

老年歧視和年齡定型之所以如此盛行，以偏見的形態深植在大部分人的心中，背後顯然有多種文化因素。我們沒辦法將它歸咎於任何單一原因，但是我們對老人的蔑視確實反映了一些我們文化的核心價值。

個人主義在美國社會仍然受到高度重視。我們強調個人的獨立性和主動性，卻貶低依賴性，儘管它是存在於所有地球生命的事實。我們知道完全獨立是不存在的——我們需要彼此，也需要地球上的其他生命來維繫我們的存在。然而，我們拚命追求獨立。年長者的存在提醒著我們，我們需要彼此，活得愈久，就會變得愈依賴。到那時候，我們會更需要家人和他人的照顧。然而，堅守個人主義的美國人拒絕接受這樣的未來，因此助長了貶低老年人（特別是那些需要依賴他人的長者）的風氣。

導致年齡歧視普遍存在的另一個原因是，美國是一個由金錢驅動的社會。我們住在一個視金錢為萬能、比任何東西都重要的國度。文化上，我們以努力工作賺錢為自尊和「價值」的主要來源——對男性尤其如此。等到我們退休、不再有收入後，社會就會看低我們，把我們跟其他被社會視為失敗的族群，像是需要接受社會救濟的人、貧窮的人和流浪漢等擺在一起。在很多人心裡，我們變得微不足道。這顯然很荒謬。身為人的價值，不該用賺多少錢或是否有工作收入來定義。

還有另一個可能原因：大家對死亡的恐懼。老年人比起大多數人都更接近死亡，因此展露這個可怕的必然性。一般人都想忽略或是否認死亡這個事實，故而拒絕任何跟它有關的提醒或是預表。我們讓那些還沒變老的人看到他們將來的樣子——但是他們不想看。因此，他們只好貶低這些強迫他們面對未來的訊息傳遞者。

一般而言，美國社會崇尚年輕，我們的電視文化推崇這樣的崇拜，我們重視外貌勝過品格。但是亨利．米勒（Henry Miller）在《淬煉之歌》（*Songs of Experience*）引用的訪問中，提供一個不同的視角。

> 從古至今，我們的社會一直在崇尚年輕。「年輕」是個偉大的詞，不是嗎？但是現在我們都經歷過年輕了，知道那絕對不是人生最光輝的一段歲月。我不知道他們如何想出那麼多歌頌年輕的特質。一個人年輕與否在於他的精神，跟年齡無關。七、八十歲，但是比年輕人更充滿年輕氣息的，大有人在。他們的年輕是真正的年輕，明白我的意思嗎？那種心智和精神上的年輕，是永恆的年輕。[1]

我們對速度和效率的追求，讓老年人顯得過時了，就像一部老舊的機器。

年齡歧視和年齡定型，對老人的自我造成了許多傷害。傷害的形式有許多種：來自他人的羞辱和不尊重、貶低、對我們的尊嚴和價值的攻擊。受的傷害多了之後，我們很容易出現這類自我否定，並開始害怕它們。

自我的傷害可能來自四面八方，年齡歧視和年齡定型可以助長任何一方。例如，有

1 Henry Miller, "Interview with Henry Miller," interview by Digby Diehl, quoted in *Songs of Experience*, by Margaret Fowler (New York: Ballantine Books, 1991), 51.

人視我們為負擔或無趣的人。某個組織不接受我們的加入和參與。某個官僚單位把我們當成數字看待。某個機構期待我們卑躬屈節，乞求他們的服務。雇主把我們解聘了。很難說我們遭受的不良待遇是不是真的跟年齡歧視有關，還是就算年紀輕一點也會發生。不管是哪一種狀況，這些傷害都會隨時間而累積；如果不反擊的話，會教人大失信心。

一九八八年十二月二十九日發表於《波士頓環球報》的一篇文章描述一種嚴重的年齡歧視羞辱形式。

## 你被開除了！

艾佛．弗里曼（Iver Freeman）在公司忠心服務了超過二十五年後，被要求辭職。這是一名六十歲男士經歷年齡歧視，最終失業的故事。

六十歲的艾佛．弗里曼任職於麻州東朗梅多（East Longmeadow）的 Reed-Prentice 機械公司，是一名年薪七萬五千美金的高階主管。他已經結婚三十八年，三個孩子都已經成年。一九八〇年十月二十七日星期一，這間他從杜魯門總統任期便開始服務的公司，將他解雇了。

弗里曼事前沒有接收到任何預警。他的左手腕仍戴著公司在他服務滿二十五年時送的紀念錶，上面還刻了字。

他一直以為自己會在這間公司工作到退休，就差五年而已。屆時，他的同事會幫他舉辦歡送會，他會收到卡片和禮物，然後帶著多年奮鬥獲得的退休金，有餘裕地退休。

但是，弗里曼收到的卻是一份公司內部郵件送來的短信，裝在信封裡，放在他桌上。「備有證明文件……強制執行……你的辭職即刻生效……表現與態度……在中午之前清除你的個人物品。」

弗里曼試著繼續讀這封信，但是上面的字變模糊了。他聽到自己壓抑著聲音告訴正在哭泣的祕書，把他的所有會議取消。永久取消……

被解雇這件事讓弗里曼痛苦不堪，他因此失眠、花大把時間在電視機前，體重增加了，血壓也急遽攀升。

六個月後，他的遣散費花完了。弗里曼沒有拿到養老金、紅利或任何其他福利。失業救濟機構的人告訴他，沒有適合他的工作，他的年紀太大，資歷也過高。

弗里曼不得不將家裡的公寓掛牌出售，搬到位於鱈魚角（Cape Cod）哈維奇鎮（Harwich）的度假小屋……

艾佛．弗里曼向麻省的反歧視委員會提出了申訴。

大家要他別麻煩了。普特南（Putnam）老闆一家都是知名人物——羅傑．普特南（Roger Putnam）的父親甚至當過春田市（Springfield）的市長，還有一所職業高中是以他的名字命名。

然而，委員會未能解決這個問題時，弗里曼向位於春田市的美國地方法院提出年齡歧視的聯邦訴訟。

上訴法院最後判決公司應付給他六十五萬三千七百美元的賠償金。

不過最重要的是，法院確認了六十八歲的弗里曼不情願、但慢慢勉強接受的一項事實。他貢獻這麼多年的公司解雇他沒有其他原因，套句法官的話，就只是因為他「年紀大了」。[2]

對自我的傷害也可能源自過去被貶低的經驗——別人看待或對待我們的方式，彷彿我們不是人似的。就算我們人在一旁，也把我們當空氣。這種傷害，跟有色人種和女性受到的對待有許多共同之處，儘管無關年齡，卻一樣令人反感。對於那些過去曾經因為某種原因受到歧視的老人來說，年齡歧視帶來的非人道傷痛，讓他們有一種既痛苦又熟悉的感受。

我們不見得總能意識到，老年歧視和年齡定型是不是傷了我們的自尊，給我們帶來絕望感，導致退縮或心情煩躁。基於這樣的原因，察覺老年歧視，進而在心思、意念中

2 Barbara Carton, "Fired!" *Boston Globe*, December 20, 1988, 43.

加以抵制，可以幫助我們過得堅強快樂一些，甚至重燃信心和動力。

如果你想知道自己是不是老年歧視的受害者，花一點時間回想。你是否曾經經過某個人時，被對方視而不見，即便你的存在明顯到無法忽略？你是否曾被冷漠對待、忽視或被視為不重要的存在？你是否曾被當成物品看待，就像擋到路需要避開的東西？其他人是否當你已經死了，你明明在場，卻當你不在似地談論你，或者把你視為不相關的人？他們是不是看輕你的經驗，當成老人家的謬見？你是否曾經因為「年紀太大」，被拒絕進入某個場所或參加某項活動？

## 刻板印象

人們用各種術語和觀念來歧視年長者，否認我們的人性。儘管這些刻板印象令人反感，但我們得勇敢面對，思考哪些謬誤和偏見帶有老年歧視和年齡定型，會有所幫助。學會辨識這些帶有年齡歧視的態度和語言，就更容易加以斷絕——無論是在我們自己或他人身上。

❖

別人說我們自誇、話多、無聊、愛猜疑、太苛求、笨拙、煩人、愛抱怨、喜歡說教、令人厭煩。說我們固執、古板、落伍、過於自我中心、脾氣暴躁、頑固、不知變通。認為我們過度專注於自己，特別是我們的過去，說我們害怕未來，認為前景黯淡無光。刻板印象的我們性格孤僻、不事生產、無所事事——「脫離現實」、不合群、與現代生活格格不入。我們笨拙、嘮叨、消極，還嫉妒比我們年輕的人。

透過刻板印象的濾鏡看，我們最好的歲月已經過去，如今步履蹣跚的我們不值得尊重或傾聽。我們沒效率、沒能力，無法對任何人或任何事起任何作用。此時此刻的我們無須太認真對待，因為我們正快速消逝中，差不多要被放逐了。我們不是曾經擁有嗎？不要再要求更多了。

你聽過那些無情的俗話：**糊塗莫過於老糊塗、老狗變不出新把戲、老不羞才會對性感興趣**。於是，他們把我們推向社會邊緣，貶到卑微的地位。他們看不到我們，甚至害怕看到我們，因為對他們而言，我們不算是人，而是一個被排斥、不受歡迎的族群。

當然不是每個人都有這種年齡定型和老年歧視的態度，也不是所有老人都會受到這種對待。一些特例，例如個性好、有才華、地位高、有權勢、有財富的老年人，都可能免於這種污名化。但是年齡歧視和年齡定型實在太普遍了，絕大多數的老年人多少都因為這些態度而受苦。

❖

你承受了哪些年齡歧視的態度和感受呢？你是否因為年老而自尊心降低了？或者，你也曾經因為年齡的緣故，拒絕與他人交往嗎？仔細檢查自己對老化的感受，會發現自己的偏見、誤解和自證預言（self-fulfilling prophecy，譯註：一個人抱有的期望會影響他的行為，使整件事情的結果符合當初的期望），還可以進一步瞭解老化的真相和現實，其實和社會上的偏見截然不同。

我們如何接納這些對自己有害的歧視態度呢？他人與媒體不斷為我們製造陳腐、糊塗和依賴的形象與期望。使得這些形象和期望如此普遍、被視為理所當然，以至於我們自己也有意識或無意識地接受了。最終，這些期望植入我們對自己的看法，進而按照對

墨瑞在鱈魚角享受夏日時光。

一九八〇年代中，墨瑞在中國。

墨瑞跟羅伯在麻州布魯克萊恩的家，一起清掃積雪。

一九九〇年代，史瓦茲全家：強恩、墨瑞、夏綠蒂、羅伯。

上：墨瑞與夏綠蒂——永遠的摯愛。

中：墨瑞興高采烈的個性在這張照片一覽無遺，背景中是羅伯。

下：墨瑞跟夏綠蒂總是盡力招待來訪的賓客。

自己的期望或預測行事。老年歧視確實有它形成的現實因素與基礎——我們的身體**確實**不如過去強壯敏捷。只不過這個現實是片面、不完整的，而且絕大部分是嚴重的偏見或誤解。例如，我們完全可以學習新事物並記住它們，並且以相當快的速度持續學習。《紐約時報》的一篇文章詳細闡述了這個事實。

## 年老的大腦：身體會衰退，但是大腦具有韌性

老化的過程中，身體的衰壞無法避免：視力模糊、肌肉鬆弛、皮膚下垂。然而，以為心智也會隨著衰退這個普遍看法，恐怕是錯誤的觀念。

最新的科學研究指出，大腦未必會隨著年齡增長而失去功能或推理能力。我們最新的瞭解是，許多、甚至大多數老年人的思維能力之所以下降，其實是疾病造成的，跟年齡無關。

美國國家老齡研究所（National Institute on Aging）的研究主任札文・哈查圖里安

（Zaven Khachaturian）博士表示：「關於老化與大腦的大部分觀念都是基於傳聞，而非事實。在沒有疾病的前提下，仔細去研究老化並進行觀察，就沒有理由認為我們的認知和智能活動會隨著老化而衰退和喪失。」

紐約醫院－康乃爾醫學中心（New York Hospital-Cornell Medical Center）的弗雷德．普拉姆（Fred Plum）醫生表示：「很明顯，有一部分老人躲過了老化的影響，他們的大腦運作起來就跟年輕人一樣。」[3]

## 識破謊言

當我們拋開對自己的老年歧視和年齡定型，就會識破它們的真面目：自私自利的刻板印象，以及害怕面對自己有一天也會變老而產生的防衛機制。

由於我們的文化對老年人的貶低非常普遍，所以我們以為這樣的態度是正常的，但事實並非如此。世界上有許多社會不會把老年人送進養老院，也不會把他們看成是正常生活的額外負擔。相反地，老年人會因為他們的知識、智慧、有過的貢獻，以及將來還要繼續做出的貢獻，成為極可貴的族群。

我們沒辦法在一夕之間改變社會給予老年人的待遇，但我們可以朝正確的方向努力，至少可以先改變自己對老年人的歧視與限制，讓我們的晚年過得充實而豐富。

儘管我自己很努力想要消除這些態度，但這場戰鬥並沒有完全結束的時候。我必須隨時對自己的老年歧視盲點保持警覺。我用來杜絕老年歧視的方法之一，是任何時候，只要「老」和虛弱、衰退等負面特質扯上關係，就把它揪出來。

我們如何擺脫自己對老年歧視的態度呢？首先，我們可以參考大量的研究，這些研究顯示六十歲以上的人仍具有成長、學習和發展的潛力。我們可以大量閱讀指出老年人持續擁有生產力和創造力，並對他人和社會有重大貢獻的研究。我們可以拿自己和同儕的成就和外界對我們的期望進行比較，以消除自己對年齡的刻板印象。我們可以專注在我們能做出重大貢獻的領域，盡力而為，為自己除去「生命在我們這個年紀便結束了」

3 Gina Kolata, "The Aging Brain: The Mind Is Resilient, It's the Body that Fails," *New York Times*, April 16, 1991, C1.

的想法，還可以按著自己想要的方式打造生活。也可以反向操作，用不同的態度和期待來面對老化，讓晚年更具吸引力和挑戰性。

最後，我們可以採用下列關於老年人和晚年生活的態度和假設：每個人的生命都是可貴且具有可塑性，無論在什麼年紀，生命的擁有者都有能力將它塑造得美麗、有用、有愛、具創造力和體驗強度、充滿覺知且有人性。我們的生命、健康、自尊、自我價值和機會，跟任何人一樣重要，我們需要擁有這些，才能在生活中持續獲得滿足。我們仍擁有共通的人性本質，可以對人類整體做出諸多貢獻。只要我們還活著，就應該做我們想做的人，而不是按照他人對我們的期望而活著。

我們可以貢獻豐富的技能、知識、智慧和觀點。比起大部分的人，我們更能辨別重要的價值觀，抱持高尚的道德準則，明白人的境況，知曉如何面對失敗與慶祝成功，以善解人意、負責任的方式與人相處，並觸碰到更深處、更真實的自我。

讓我們為自己的年齡感到驕傲而自在，把它視為自己特有的稟性和生命的延續及成就。把自己當成被精心挑選出來的團體，而具備六十年的知識、關懷與智慧是進入這個團體的基本條件。

老化是天天發生的事，每一天，我們都有機會解決問題、實現自我，並為他人付出。我們沒有什麼需要證明、競爭、計較輸贏或必須誇口的，我們不需要當第一名，也不需要賺大錢或取得什麼重要成就。我們可以擁有各種生活方式、觀點、態度、價值觀和信仰，因此，我們之間雖然各不相同，也有異於年輕人，然而在基本的人性上，我們都一樣。

隨著年紀漸長，我開始將自己視為一個偉大生命鏈鎖的組成和表現。我們都是這條鏈鎖的環節之一，也屬於一個更大的整體。這個年紀的我，渴望深入探討生命的各種奧祕。我不知道是它們會找到我，還是我會找到它們。如果真的找到了，我得到的是什麼，又該如何運用我獲得的知識呢？

能夠活到老年是一件幸運的事（想想另一種可能性）。晚年是重啟想像的時刻，我們需要拋棄舊有的幻想，迎接新的寓意，並期許自己隨時能覺知到這些寓意。

**一些可以秉持的想法：**

- 為自己做最壞的打算。如果沒有發生的話，就心存感恩。

- 為自己做最好的打算。如果沒有發生的話，想想為什麼。
- 晚年是最美好的時刻，因為它是壓軸。
- 每個人都擁有發揮潛力、成為自己應該成為的人的權利。
- 晚年可以是一生中最美好的時刻，也可以是最糟糕的時刻，端看我們怎麼度過。

隨著年紀增長，我們的世界會有愈來愈封閉的傾向。把保持開放視為挑戰，拓展自己的境界、思想、同情心與同理心，並尋求新的體驗，以敞開的心胸迎接新的希望和新奇的事物。所謂晚年，就是每天都該為大小事開心慶祝，而應該哀傷的時刻就哀傷。

藉著跟自己的老年歧視達成和解，我們可以學習接受自己、肯定自己，甚至愛上正在老去的自己。我們會覺得自己是個有價值、值得珍視的人。並不是即使老了，還有價值，而是**正因為**老了，所以有價值。無論老年歧視或年齡定型以何種形態出現，一旦我們用這種正面的眼光看待自己，都更有能力提出異議。

讓老年歧視見鬼去吧！讓我們翻轉他人的預期，讓他們見識我們可以帶著真正的毅力，光榮地老去。不趁現在這麼做，更待何時？

# 6 晚年遇到的議題

晚年本身就是一系列的挑戰。可以預想，我們的身體在六十、七十、八十或九十歲時，肯定會出現不可避免的機能衰退與失調。其嚴重程度會因個人狀態和年齡而異，所以必須不斷地調整，來應付身體衰退帶來的影響，以及對情緒和心理生活造成的震盪。我們可能會遇到新的問題，或是必須試圖解決先前未解的問題。其中有些問題是社會性的，可能來自我們與他人的關係，或是社會上的問題，例如年齡歧視、經濟困難或對個人安全的擔憂。其他問題則屬於比較個人、有待滿足的需求，如個人安全感、滿意的人際關係、強烈的自我意識與自我表達。我們的一些恐懼也可能因為年紀增長而加劇，像是害怕受傷、生病、失喪，以及死亡和瀕臨死亡。我們可能會對生命現況感到遺憾，對曾經做過的事感到後悔。我們的晚年生活挑戰，是尋找最有效、最有幫助的方式來處理各式需求、恐懼和遺憾，然後在變老的同時，成為最好的自己。

## 改變

對大多數人而言，晚年意味著對變化的適應。隨著人生步入晚年，很多人渴望生活不要改變，因為一成不變的生活能帶來熟悉感和安全感。然而，不管我們多麼渴望生活、身體和環境都不要改變，它們就是無可避免會發生變化。我們要做的，是調整自己對變化的抗拒與開放程度。

隨著年齡增長，許多人會選擇封閉自己——沿用舊有的習慣模式，在想法和行為上變得更加固執。其中可能會抵抗住處、人際關係和例行生活的變動。隨著改變而來的是壓力，特別是重大的改變。譬如，我一位朋友的父親從住了五十多年的房子搬到一間公寓時，心情大受影響。我們經常不願擺脫舊有的做事模式，堅持以既有的方式生活。觀察自己對改變的反應，能讓我們瞭解改變帶來的影響，進而幫助我們做好準備，因應未來的變化。我們要如何應付那些不請自來、強加在我們身上的改變呢？特別是無法避開的改變？像是新鄰居鬧烘烘的孩子或是身體的衰退。對於自己挑起、但結果不如預期的改變，我們的適應能力又如何呢？

我們可能喜歡或不喜歡自己面臨的改變，可能接受，也可能大聲抗議。可能誓言抵制，也可能屈服而遷就。我們的反應取決於改變的強度、對我們的要求，以及是否有能力和意願順應改變。當然，我們不會把所有的改變都拒之門外，例如，我們會很樂意接受中樂透，或是在股票市場大撈一筆。我們評判改變的標準，通常是它會帶來多少焦慮和痛苦，抑或是喜悅和滿足。

大多數人，年老時表現出來的行為跟過去多少是相像的。比如一個四、五十歲時行事小心、內向害羞的人，到了七、八十歲，多半還是如此。如果五十五歲時是個心思細密、動作緩慢的人，到了七十五歲大概還是這樣。儘管如此，身為老年人，只要有動力和決心，還是可以改變自己的習慣和行為模式。我們想要按照多年來的風格行事嗎？或是**希望**自己有所不同，**相信**自己能改變呢？我們期待自己在餘生不斷改變嗎？

步入晚年之際，我們可能需要做一些調整來適應生命中無法控制的改變，例如生理的衰退，以及財務狀況、人際關係、身分的改變。我們可能需要積極地應付這些需求的改變，面對恐懼並處理過去的遺憾。如果你希望持續充滿熱情地追求目標，勢必得在思維和行為上做些調整。

## 未能滿足的需求

需求、冀望和欲望是基本的生存動力。即便步入老年，仍然有滿足欲望、希望、衝動和渴望的需求。雖然我們的一些需求跟任何人生階段的成年人沒有兩樣，有些需求確實會隨著生理、社會和心理狀態，以及老年歧視，或單單因為年紀大了，跟晚年產生較大的關聯。

需求的形式和強度或許不一樣，但是它們尋求滿足的存在不容置疑，可以強烈到讓全身極度充滿渴望，也可以微弱到像搔癢般地提醒我們有個東西少了。需求如果一直沒得到滿足，會有一種說不清的不適或煩躁。出現這種情形時，有幾種作法。我們當然可以試著滿足自己的需求。如果行不通，也可以選擇放棄它或壓抑它；甚至可以決定不去滿足需求，但也不減少它的急迫性或重要性。有時，我們必須忍受需求沒獲得滿足帶來的痛苦與焦慮。此外，也可以找一個替代品，期待能緩解我們的需求。

下面邀請大家針對一些沒被滿足的重要需求，以及實現的方法進行反思。我希望這可以刺激你去檢視自己的需求，幫助你意識到那些沒有獲得滿足，但是對你仍然重要的需求。也藉此鼓勵你找到哪些需求需要滿足，哪些需求可以擺在一旁，或是與它們達成和解，不致干擾你追求晚年的目標。面對並處理未滿足的需求及相關的情緒反應非常重要，這樣它們才不會分散我們的注意力，或是帶來困擾，以至於無法專注在我們的目標上。只有大部分需求都得到滿足，至少達成和解了，我們才會有精力、熱情和靈感去積極追求未來的目標。

晚年需要滿足的需求實在太多了，我無法逐一列出，只選了幾個對我重要的需求跟大家分享，希望有所幫助。

**自衛本能與安全感的需求：**這包括滿足生理需求、維持生理與心理的安全、照顧好自己，同時也接受他人的照顧。

我們要從哪裡獲得安全感呢？金錢對某些人來說一直是個負擔，有些老人家喜歡充裕的財富帶來的安全感。有些人的安全感，是從健康的身體和長期維持良好的健康狀況而來。如果你很幸運，沒有財務和健康上的問題，還是必須找到情感上的安全感。身為治療師和社會學家，我在這裡提出幾項培養情感安全感的建議。我們可以去看發生在我們內心、身上和周遭的事物，試著認識自己、喜歡自己，和在乎我們、希望我們好的人建立重要的關係，成為朋友。家人固然重要，我們也可以跟家人以外的朋友和同伴建立親密關係，尋找支持我們、能提升我們自尊的人交往。

堅持你的信念和價值觀，尋求尊重你且擁有相同價值觀的人的支持。加入與你有共同目標的團體。可以的話，試著提升你的地位、權力或個人魅力，以獲得更多尊敬。

努力經營你的生活，為對你重要的人帶來正面的影響。

當然，還有其他更具體的方法可以讓我們獲得一定程度的安全感，例如試著完成投入的計畫，或者在某個特定領域學有專精。我沒辦法列出所有讓我們更有安全感的方法。每個人都應該按照自己獨特的條件去尋找增加安全感的訣竅；做到了這一點，我們才能開始談冒險。

有些老年人在情感安全上的需求，很容易便可滿足。我的朋友娜塔莉過著很有安全感的生活。

她和先生同住，三個女兒住在附近。他們相親相愛，一遇到問題，就會立刻聚起來想辦法。幾個年紀不同的孫輩經常來訪。不管在家中或是在家族裡，她都顯得安穩自在。

另一個朋友喬安就得多費心力，讓自己擁有多一點安全感。喬安獨居，但她會想辦法用電話和朋友保持聯繫，特別是無法出門的時候。她會邀幾個朋友來家裡坐坐，用言語和行動來表達她多慶幸有他們的陪伴，並溫柔誠懇地與他們保持聯絡。如果太久沒有對方的消息，她會打電話過去，說她只是想要「聊聊天」。藉由維持這樣的朋友圈，她提升了自己的安全感。

❖

我發現冥想可以讓我在情感上更有安全感。一些年長者也有同樣的發現，就如一九九〇年二月十二日刊登於《波士頓環球報》的一篇文章描述的：

## 超覺靜坐對老人有益

你知道那些練印度瑜伽的人、新時代大師和身心愛好者，多年來一直在頌揚冥想的好處嗎？他們的發現有其道理。一項規模雖小、但嚴謹的研究發現，冥想不但可以讓老年人產生正面的感受，還可以延長壽命。

哈佛大學的研究結果顯示，在安養院學習超覺靜坐（Transcendental Meditation）的老年人，自研究開始到三年後，仍然存活的機率比同儕都要高。和安養院內沒有進行冥想練習或是練習其他放鬆技巧的住民相比，他們更感到自己年輕、大腦敏銳，自我感覺也比較好。[1]

**被認可的需求：**這包括自我接受，以及被他人接受、欣賞與尊重。得到認可，能讓我們覺得受到關注、被看重的人正面對待、被視為人類社群的一員。感受到他人的尊重——被認為有價值且值得存在，非常重要，因為這可以提升我們的自尊。相反地，得不到他人的認可，則讓我們感到痛苦且孤立。

**與人建立關係的需求：**這包括被他人需要、在我們認同的團體擁有歸屬感，感覺自己是其中的一分子、信任他人，同時也被信任。這項需求很重要的一部分是和朋友、家人或其他我們覺得有強烈連結的人建立親密關係。我會在第七章更深入討論這個部分。與人建立關係的需求如果沒有得到滿足，會讓人覺得孤立無援。一旦這項需求獲得了滿足，就會感到安穩、與人有連結，覺得自己是團體裡的一分子。

**儘管盡了力，但需求仍不能滿足時：**試著與它們共存。你可以讓它們退到背景當中，離你遠遠的，不讓它們干擾你的日常意識。不管用什麼方式，試著接受事實，好讓你跟未滿足的需求，也跟自己和平共處。

## 揮之不去的恐懼

恐懼是什麼呢？廣義來說，恐懼代表預期某種可怕、不受歡迎或有害的事情可能降

---

1 Angela Bass, "TM Found Beneficial to Elderly," *Boston Globe*, February 12, 1990, 33.

臨。也許是過去曾經發生什麼不好的事，而我們相信會再次發生。恐懼經常是某種需求的鏡像，例如害怕身體受傷的另一面是對自我保護的需求。

恐懼可大可小。可以從輕微的憂慮、害怕到恐慌；可以是長期或短期、有意或無意；可以是感受深切，也可以是模糊的。有些恐懼顯而易見，有些則不是那麼明顯。有些會持續存在，有些很快就消退了。有些會引起恐慌，讓我們不堪負荷，有些則是可以輕易處理。有些恐懼是真實的；有些則是大腦製造出來的幻想。可以從全面性的不安全感，認為整個世界是個可怕的地方，到一般性的恐懼，像是害怕在繁忙的街道過馬路，或是害怕忘了某個剛認識的人的名字。因此，我們的恐懼有不同的強度、持續時間和方向，我們也會有不同的應對和處理方式，包括從迴避和逃避恐懼，到面對和處理恐懼。沒有得到解決的恐懼愈多、問題持續得愈久，恐懼本身愈教人害怕。

我們的任務是將那些假想出來的恐懼，和基於實際危險產生的恐懼區分開來。同時也需要學習如何為了更大的安逸，遏止、放下或是超越真正的恐懼。

年紀漸大，我們可能因為疾病、身體衰弱、功能退化、體力變差、意外事件、從疾病中復元的速度變慢等等，日益感到脆弱，比之前更害怕身體受傷。有些老年面對的恐懼一直都存在，許多年輕人也害怕。有些恐懼則是後來才出現，隨著年紀愈來愈大，這些恐懼的強度也會加劇。

❖

一位年長的朋友瑪麗告訴我：「我很害怕晚上出門。非得出門不可的話，我一定會找人陪我，而且我會搭車，不會走路。」

我們面臨的某些恐懼直到晚年才出現，而且不在意料之中。例如，我一直覺得自己的腳滿敏捷的。七十一歲的某一天，我走在街上，有個小垃圾桶朝我滾過來。我想要避開它，便跳起來轉身，認為自己可以輕易閃過。我確實避開了，但也因此摔倒，肩膀撞上人行道。我沒有受傷，卻嚇壞了。我意識到這些動作已經不再適合我。以後避開障礙物時，必須更小心一點。我開始對自己的脆弱感到害怕，因為我不再是「身手矯健的人」了，必須非常留意路上的障礙物，以免跌倒。

除了身體方面的恐懼，我們還會有其他恐懼，像是害怕失敗、風險、未知或不熟悉的事物。恐懼會破壞我們的生活，消耗時間和精力，限制我們，讓我們動彈不得，還會阻撓我們追求目標。

## 面對死亡和即將死亡的恐懼

我發現自己很害怕死亡。萬物終將有結束的一天，對我是一件可怕的事，讓我百般反抗。但是我知道自己應該試著接受，把死亡視為生命自然且不可避免的結果。那麼問題在於，要如何平衡我的情感和理性。我知道我會死，也希望自己可以更從容地接受這件事。然而，我對死亡的認知、恐懼和事實卻感到排斥和厭惡。我想要學習與它面對面，不要害怕它，最終冷靜、安詳而滿足地離開這個世界。我想接受死亡的可能性是一直存在的，但又不想讓它占據我太多的關注，以至於什麼事都做不成。我想要沒有畏懼地面對死亡，這樣才能過充實的生活。或許，一個豐盛的人生會是個解決方式，那麼，當我年紀老邁、生命能量所剩無幾時，我便可以毫無遺憾地迎接死亡。

大多數的人或多或少都害怕自己的死去，不願面對這個無法避免的事實。我們害怕的究竟是什麼呢？是死亡的過程可能會有的疼痛和折磨，是不知道死前的光景將會如何，尤其害怕自己最後會在沒有意識或植物人的狀態苟延殘喘。我們害怕在生命最後的日子可能經歷的痛苦，擔心我們的死可能給其他人帶來傷害。我們害怕經驗的結束，失去自我、失去人際關係——失去擁有的一切。我們害怕再也沒有辦法享受並回應這個世界。我們害怕必須切斷珍視的所有關係與連結。我們害怕欲望、興趣、活動和參與會有結束的一天。我們害怕自己不復存在之後，化為烏有。我們害怕單獨踏上未知的旅程、未知的目的地。如果有下一個站，會是哪裡呢？

從我們一直存在的地方消失是讓人難以接受的概念。在晚年意識到自己將死，會帶來一種前所未有的悲傷。死亡現在不再是一個念頭或是想法而已，它愈加真實了。隨著晚年的到來，我們每一天都更接近生命的終點，恐懼也隨著日子的短少而增加。

馬克斯・勒納（Max Lerner）在他的著作《與天使角力》（*Wrestling with the Angel*）這麼談論死亡與晚年：

老化是人生的一個階段，死亡則是終結。對老化的恐懼是對已經瞭然之事的恐懼，對死亡的恐懼則是對未知、對終點的恐懼。兩者都會促使我們行動。除了疾病，伴隨老化而來的，還有預示死亡的警報系統。對死亡的恐懼可能讓我們找其他事忙，把精力花在其他事上，藉以掩蓋我們的恐懼。對老化的恐懼——生活範圍受到侷限，能有效發揮運作的時間變短，則讓我們退一步重新定位自己，更充分地享受剩餘的生命。這意味著重新思考自己是誰，處在什麼位置，想要在剩餘的生命獲得什麼，有哪些事變得無關緊要，又有哪些事變得至關重要。[2]

❖

選擇面對死亡，可以幫助我們做好準備，同時更充實地享受生活。我們該如何為死亡預做準備呢？我們的態度和情緒狀態會有什麼不同？我們能控制對死亡的感受和想法嗎？用什麼方式面對死亡，才是恰當、有尊嚴、和平或有益的？我們處理死亡恐懼的方式，對老化過程有著重大的影響。我們當中有些人非常害怕死亡，有些人則無視於它的存在，繼續過日子。我們可以試著勇敢直率地面對死亡，直到恐懼失去扼殺我們的力量。我們當中有些人就像愛爾蘭詩人狄倫．湯瑪斯所寫的詩一樣，「發怒吧，發怒！不要讓光芒消逝。」有些人則瞭解死亡是生命自然必經的歷程，所以平靜地接受它。他們視死亡為理所當然，該怎麼過日子就怎麼過日子，不害怕死亡闖入他們的生命。

下面是我的朋友大衛的感受：

我對生活感到滿意，而我將拖著沉重的腳步離開，說不上愉快，也不是沒有遺憾，但不帶怒氣。我不會揮著拳頭說：「為什麼要帶走我？」我八十七歲了，生活一直過得很充實，直到不久前出了意外。身邊的人在我的生命中扮演非常重要的角色，他們是我的快樂泉源。去年，我和一位女士談戀愛了，那是一段非常自然的感情——如果生命在這裡結束也沒什麼不好。一個八十七歲的人沒有太多遙遠的未來好談。然而，我想要活到一九九九年。我跟我弟弟約好了，要在一九九九年十二月三十一日那天，一起到奧伯湖（Loch Ober）這間老餐廳用餐。我想好我的死亡腳本。我要在工作崗位上離世——某天上完課之後，從講台上摔下來。沒有痛苦！立刻結束！迅速離開！不要逗留！

❖

2 Max Lerner, *Wrestling with the Angel: A Memoir of My Triumph over Illness* (New York: Simon & Schuster: 1990).

一九九〇年八月十日的《波士頓環球報》有一篇文章，介紹知名行為心理學家、八十六歲的B．F．史金納（B. F. Skinner）：

## 對生命充滿熱情，直到盡頭

面臨白血病的死亡威脅，B．F．史金納依舊以他在豐盛漫長的職業生涯慣有的智慧，熱情面對。他說：「我不害怕離開。」他試著繼續工作，照常散步。儘管身體虛弱，他的心智卻堅強敏銳……不管是面對批判者或是面對死亡，他都一樣的平靜。他不打算和死亡爭辯，但是他為家人感到悲痛……「離世的時候，我們無法避免會傷害周圍的人……對此，我並不感到擔心或焦慮。我沒有宗教信仰，所以不必擔心死後的懲罰。」[3]

我們該如何面對無可避免的死亡呢？

我們可以想想其他人的死，然後思考對自己的死亡有什麼想法，這會讓我們更加珍惜生命。我們可以和家人或朋友談談我們的懼怕，以及對死亡的看法。有些人會藉由把自己「交託給上帝」來尋求慰藉。有些人以客觀超然的態度看待死亡，並接受這個現實。有些人則選擇不把死亡當成終點，而是前往另一個世界的通道。還有些人會尋求治療或加入支持團體，幫助自己解決對死亡及臨終的恐懼。這些建議都能讓人得到平靜，而我們希望自己可以說：「我已經過了美好充實、有所貢獻的一生，現在我做好離開的準備了。」

如果不能和死亡的恐懼達成和解，我們的生活肯定會受到干擾。會害怕冒險、害怕給人全心全意的承諾，各種想望、行動和探索的自由都會受到限制。許多人對死亡和臨終的恐懼是極至的恐懼。如果可以突破這層恐懼，或許在其他方面的恐懼也會獲得釋放和解脫。當我們連死都不怕時，其他的恐懼還有什麼好怕的！

3 Gloria Negri, "Zeal for Life unto End: Behaviorist B.F. Skinner Facing Up to Death," *Boston Globe*, August 10, 1990. 1.

## 對生病、受傷、失能、疼痛、受折磨的恐懼

和死亡及臨終恐懼相關的，是對身體受傷、生病、失能、疼痛、受折磨的恐懼。跌倒、車禍或是發生在朋友身上的事故都在提醒我們，這些恐懼有事實根據，我們尤其經不起身體上的受傷。有些人，特別是女性，會因為害怕遭受攻擊，晚上不敢出門。這樣的恐懼到了老年有可能更為明顯。對許多老人來說，晚上搭乘地鐵或是在街上行走都得特別小心，以免發生危險。

對疾病的恐懼會帶來各種假想。我們害怕殘廢或失能；害怕將來只能任人控制擺布（無論是不是在醫院）；害怕承受不起疼痛的折磨；害怕別人的同情。我們害怕得憂鬱症、身體有殘缺或失能。我們害怕自己必須像孩子一樣依賴他人，因而感到羞辱。我們害怕生病的結果會導致死亡。這些害怕可能過於誇大、僅止於假想，也可能是根據經驗和現實而來。

一場嚴重的疾病可能會在情緒和心理上削弱我們的意志，打擊自尊和自我形象，將我們排除在生命主流之外。難怪疾病會成為老年人的一大恐懼！因為我們比其他人更脆弱，更容易受它影響。跟年輕人相比，我們更無力抵抗疾病，也需要更長的時間復元。

身患重病的危險之一，是我們可能會變得非常自我中心，過於專注在自己的疾病或失能——一直鑽牛角尖，讓它成為生活的焦點，遇到人就說個不停。這會讓我們變得不受歡迎，加重自身的憂慮和孤立感。

我參加的一個老人小組中，有一名成員每次談的都是他的疾病：生怕他的病不會好，憂心忡忡，不知該怎麼辦，晚上焦慮到睡不著。整個聚會時間，他就這麼講個不停。沒有人可以讓他停下來或轉移注意力，最後，他成功地讓整個小組對他產生反感。

當然，也有些老人對疾病處之泰然：嘗試治療它、適應它，與它共處或接受它，不讓它主導生命。然而，疾病也可能帶來積極的一面，迫使我們重新檢視生活，思考什麼才是真正重要且值得我們關心的事。

馬克斯．勒納再次講述他患病後獲得的啟發：

> 不管處於什麼年紀，經歷一場威脅性命的疾病並成功克服，本身就是一次生命的翻轉。詩人約翰生博士的說法是，接近死亡可以「有效地讓一個人集中精力……」。若是發生在晚年，更添加一道悲壯與刺激的色彩。悲壯的是，我們剩餘的時日不多，無法將

新獲得的深度好好發揮。刺激的是，疾病會激勵你重新思考生命、重新塑造自己，然後問自己一個宏觀的問題：我要拿餘生做什麼？[4]

七十四歲的某段時間，我突然受極度疲憊的困擾，我的醫生稱之為「身體不適」。這個名稱掩蓋了一個事實，就是他和我被轉介的醫生都無法診斷出我患的是什麼病。我的體力大幅衰退，幾乎無法下床，所有的日常活動都被迫停止。我一直處在半睡半醒之間，分不清楚現實與幻想，也累到不想去區分。我的大腦迷迷糊糊，無法做細微的判斷。我感覺自己跟所有事情都脫節了。每個動作都會耗去很大的力氣，讓我筋疲力盡。我經常得躺下來，走路時只能小步慢行，一次走短短的距離。沒有辦法控制動作幅度和力道，也讓我深感痛苦。

後來我慢慢好了起來，體力逐漸恢復，開始可以做一些平常的工作。幾天後，我的思緒清晰了。一星期後，我幾乎完全正常了。但是我開始擔心這個疾病會復發。幾個月後，果真復發，但是情況沒有那麼嚴重。不過我的恐懼卻因此加深。隨著它每六個星期發作一次（儘管情況不嚴重），我也不再那麼害怕。我摸透了這個病，而且情況也沒那麼糟糕，所以我能應付得來，不致讓它干擾我的日常生活。最後，它終於消失了。幾個月後，我完全把它忘掉，也不再擔心復發。

❖

不管我們有沒有察覺到，對疼痛和痛苦的恐懼是大多數人的共同經驗。我們都想避免經歷疼痛和痛苦的折磨，然而，我們不可能一輩子都沒有疼痛。從某個角度看，生理疼痛其實是一種正向機制：代表我們的身體出了狀況，或某個部位的功能失調，是提醒我們要注意的警訊。我們可以藉由藥物、睡眠和鎮靜劑來控制疼痛，甚至消除疼痛，但是除非找到疼痛的根源，否則當你醒過來或是藥效退了，它還是在那裡。

疼痛經常和痛苦一起提及，但它們其實很不一樣。我們會因為親人的去世、心理上的創傷，或是一段關係的結束而感到痛苦，這跟腿斷了、牙醫觸碰到神經，或者患重病時感到的疼痛不一樣。兩者之所以會被相提並論，是因為它們都會帶來強烈的不適，讓

4 Max Lerner, *Wrestling with the Angel: A Memoir of My Triumph over Illness* (New York: Simon & Schuster, 1990), 157-158.

我們覺得「承受不住」，甚至會因而死去。

許多人告訴我，比起死亡，他們更害怕死亡過程中的疼痛與痛苦。疼痛和痛苦的經驗讓他們想要轉移注意力，借助藥物和止痛藥，或是任何能緩解疼痛或痛苦的東西。不論是疼痛或痛苦本身，還是預期它們的到來，都會衍生恐懼。

## 對失喪或其他悲劇的恐懼

失去孩子、配偶、父母等親人會引起強烈的情緒反應。當我們目睹他人的悲劇、為他們感到難過的同時，也會害怕「同樣的事情可能降臨在我身上」。《紐約時報》有一篇報導，描述一位女性見到祖母老去時的痛苦反應。

隨著奶奶的病情惡化，我對她的反應也變糟了。媽媽要我表現得體並經常聯絡，但是我給了一堆我沒有這麼做的原因。這些藉口有時連我自己都覺得輕薄草率。真正的原因是奶奶讓我感到害怕。我的腦海裡有一幅粉彩畫，上頭畫的是一名完美的老太太。她高雅睿智、悠然自得，對自己打造的人生頗為滿意……當然，有很多東西是我幻想的這位老太太所沒有的。她沒有財務困境，關節不會痛，呼吸時不會發出聲音，她沒有失去記憶、理智和視力。最重要的，她不是我熟識的那位老太太。

我愛我的奶奶。當她的思緒敏捷清晰時，一切都很美好。但是無可避免地，她的瘋狂舉止會再次發作。她總是可以找到新的理由哭泣、指責他人、背後傷人，而我總是不斷找新的藉口遠離她。

我想要優雅地老去……我希望半世紀後的我比現在三十一歲的我更好，但是我懷疑自己能辦到。我看著奶奶，她脆弱、害怕、不開心、想死卻又緊抓著生命時，我彷彿也看到了自己——我無法接受那個畫面。[5]

有一天，我的同事哈利開車送我回家，路上他問我是否認同，沒有什麼事比在幼年

5 Natalie Angier, "Hers; A Granddaughter's Fear," *New York Times*, May 8, 1989, 22.

期失去父母更可悲。我說我不這麼認為，因為我自己在八歲時失去了母親。他回我：「沒有什麼比白髮人送黑髮人更糟了。」幾年前，一場車禍帶走他十九歲的孩子。他難過很長一段時間後，好不容易才接受這件事。他認為上帝藉由這件事教導他生命是脆弱的，不要虛擲光陰，要盡可能為他人服務，活出豐盛的生活。

任何經歷過這類悲痛失喪的人都知道，它會帶來深切的不安和創傷性的後果。因為這樣，我們害怕再度失去親人。那猶如世界末日降臨的傷痛，會讓我們的生活無法繼續、沒辦法展露笑顏，覺得生命不再具有意義。這樣的悲劇力道之大，會讓人無法對當下發生的事情整理出看法。

隨著年事漸高，我們承受的失去也愈來愈多：又一位親戚或朋友過世了；又一個同伴去了安養院。彷彿我們每次轉身，身旁便又有人離開。我們開始擔心這樣的失去沒有結束的一天，它將一直持續到我們自己也成為某個人失去的對象。

## 害怕喪失「自我」

隨著年紀增長而老化，我們可能會認為我們已經「失去」過去的自我，害怕從前擁有的「自我」正緩慢或快速地變成另一個人。我們擔心自己的改變太大，別人可能不認識我們。我們害怕將來連自己都不認得了。

我們可能因為身體機能衰退、生活難以自理，導致性格大變，或是因為記憶力衰退和智力退化而感到喪失「自我」。如果晚年的身體衰退，無可避免地造成自我的喪失或遭受破壞，那變老確實是一件很可怕的事。因此，釐清生理上的衰退是否意味著原有身分的喪失，就顯得格外重要。答案是兩者間並無絕對的關係。即使身體變得脆弱，我們還是可以擁有敏捷的大腦。所以，應該堅定地告訴自己，身體只是我們的一部分，並不是全部。

年齡歧視，不管是他人對我們的歧視，還是心裡對自己的歧視，也會讓人覺得喪失身分認同，懷疑自己是不是還有可辨別的身分存在，擔心那些有老年歧視的人把我們視為可有可無。

當我們認為自己會隨著年老而被看輕、變得不中用或不被接受，就會緊抓著自己過去的影子，然後在發覺自己不再是過去的那個人時，覺得失去了自我。如果我們能夠在過去的自我和當下的自我之間不斷連結，將過去的自己和當下的自己整合起來，便能夠更適切地面對不斷改變的自己，處理好喪失自我的感受。

## 對依賴與衰退的恐懼

當我們開始無法處理自己的事務，常常會有種害怕失去掌控的恐懼。這種情況發生時，我們會覺得自己不再是人生旅程當仁不讓的「掌舵者」。晚年的老化可以是非常痛苦的經歷。當我們突然流淚、變得容易生氣或沮喪時，會擔心自己可能失去對情緒的控制。當周圍的人要我們交出掌控權，或是把我們安置在不想去的地方（如安養院），我們會感到害怕。失去處理財務的空間或能力時，便會害怕財務的掌控權也要被奪走了。此外，我們也擔心失去對思緒和心智的控制，使得我們頭腦不再清楚，不再被視為大腦健全的人。最後，我們害怕不斷屈就的結果，會連生存都受到威脅。

這裡的根本問題在於，我們是否有足夠的理由相信，指揮生命的力量已經從我們手裡交出去。我們可能會在害怕失去控制的恐懼下，極力想保住掌控權。也可能在絕望之中，交出掌控權。又或是在受到激勵後，以力所能及的方式掌控生命。

有時候，我們過去的經歷可能讓我們特別害怕依賴他人或喪失掌控權。下面是《華盛頓郵報》一篇關於布魯諾・貝特爾海姆（Bruno Bettelheim）的文章，他是著名的奧地利心理學家，也是納粹集中營的倖存者。文中提及他對失去掌控權的恐懼、對身體衰弱必須依賴他人的恐懼，以及結束自己生命的決定。

> 三月十二日晚上，貝特爾海姆在銀泉市（Silver Spring）的渣打安養院（Charter House）自殺……洛杉磯的精神分析師魯道夫・艾克斯坦（Rudolph Ekstein）聽到這位老友自殺的消息時，認為貝特爾海姆心裡可能是這麼想的：「我現在住在安養院裡，這跟當年待在失去自由的集中營有什麼差別？我存活下來要做什麼呢？我在期待什麼？至少我要擁有掌控權。」……
>
> 歷史學家瓊安・查理諾（Joan Challinor）則表示：「他明顯感到抑鬱。」他們曾在一次晚餐聊了四十五分鐘。「他說早知道他就去以色列，因為基布茲（kibbutz，譯註：烏托邦式的猶太人集體聚落）知道怎麼建立一個讓老人覺得自己有用的環境。」[6]

6 David Streitfeld, "For Bruno Bettelheim, a Place to Die," *Washington Post*, April 24, 1990, C1.

大部分的人都會預期在步入老年之際，必須面臨一些心智能力衰退的問題。我們可能會失去方向感，或是在很簡單的事情上遇到阻礙，而這些事在過去對我們是易如反掌。我們當中有許多人有過迷路的經驗，很怕再次發生；害怕突然不知道自己身在何處、搞不清楚狀況、注意力無法集中或茫然失措，即便只是一下子。有時候，我們忘了怎麼走才能抵達目的地，或是忘記剛才要做的事。我們可能會記不得想要記得的事，或是忘了原本知道的事——例如見到認識很久的人，卻不認得他們。有時候，腦海裡的記憶和影像都變得黯淡，不再清晰。這些跡象在在讓我們擔心自己開始失去理智。但是美國企業家暨老年學家肯．戴克沃德（Ken Dychtwald）在他的著作《熟齡潮》（*Age Wave*）中說道：「科學研究一再顯示，只要我們經常保持活動、刺激大腦，就可以讓心智敏銳，還能延年益壽。」[7]

我時不時有迷路的狀況，但我認為那是正常老化的一部分，不是生病的證據。害怕迷路會使人焦慮，更加害怕迷路。接受偶爾的方向迷失，會讓這種症狀沒那麼可怕。為了掌握自己的狀況，我們可以問問自己迷失方向的情形通常持續多久、發生的頻率為何、對日常生活的影響有多大，以及如何預防、補救或適應。

還有些時候，我們的活動不得不受到限制，這也會讓我們擔心失去掌控權。年紀愈大，活動受到的限制往往也愈多。我們可能因為身體狀況，無法從事長途旅行。患有關節炎的人，身體活動會受到限制。其他失能或單純的眼睛疲勞，可能讓我們無法像之前一樣，輕鬆地閱讀或長時間閱讀。由於體力衰退，我們可能沒辦法像過去一樣參與社交活動。經歷一種或多種的限制，進而擔心這樣的限制會不斷擴大到生活其他的領域，不免令人感到難過、沮喪、憤怒或挫折。我們能克服這些限制或想辦法彌補嗎？如果無法克服或減少這些限制，我們能優雅而有尊嚴地接受嗎？

## 對未知與不熟悉之事的恐懼

這裡，我只談一種恐懼未知之事的後果：害怕冒險。冒險意味著進入未知的領域，這無疑會造成恐懼和焦慮，所以想要冒險就得控制這樣的情緒。我們害怕嘗試新的事物、認識新的朋友、拜訪新的地點、打破舊有習慣、改變我們的環境或是質疑自己一直

7 Ken Dychtwald, *Age Wave: How the Most Important Trend of Our Time Will Change Your Future* (New York: Bantam, 1990).

以來抱持的觀點。在這些恐懼的背後，是對失敗的恐懼。我們擔心冒險可能令人不悅，失去熟悉帶來的安全感，因此感到迷失和困惑。我們可能覺得冒險太困難了，而且「不值得」、很危險，會讓我們受傷。我們不想冒險，因為過去的謹慎行事多半有益而無害。我們擔心冒險過程中發生的事情難以預料，會讓自身的情況比冒險之前更糟。

隨著年紀增長，有時候我們連很小的風險都不願意承擔。這些風險在我們年輕時，可能連考慮都不會考慮就去做了。經歷身體或心智上的衰退後，害怕冒這些小風險，其實很實際也很合理。

到了晚年，我們可能害怕承擔較大的風險。這樣的恐懼會讓人錯失自己可能喜歡的新體驗。對冒險的恐懼經常是審慎而實際的。審慎可讓我們避免許多頭疼的問題。然而，如果謹慎過頭而誇大了風險，也會讓我們錯失許多美好的體驗。正確看待風險，就有勇氣合理地面對風險，也能更充分享受晚年生活。

## 害怕被拒絕和遺棄

許多老人害怕被「丟下」——被原本關心我們的人，如配偶、孩子或朋友拒絕或遺棄。原因可能是在某件重要的議題發生嚴重分歧，導致我們跟親人間的關係出問題，或單單因為我們隨著年紀漸長、性情有了變化，產生不同的態度、價值觀和信仰。又或者，之前的爭執和問題在晚年再次浮現。隨著年紀變大，我們可能不再被視為有吸引力或有價值，而是脾氣暴躁、古怪、刻薄、愛抱怨。

對他人的依賴也可能是害怕被遺棄的原因。我們怕孩子不願意照顧我們，或是有其他的事要忙，沒有時間留給我們。家人可能會覺得我們難以照顧，負擔太沉重，甚至覺得我們沒有為他們著想，因為我們的老化太耗費他們的時間和精力。

拒絕的形態，可以是探訪、打電話或寫信的次數變少，或其他不想有太多接觸的跡象。在最極端的情況下，親人可能完全斷絕聯繫。這會讓人無法承受，特別是發生在親子關係時。如果做了各種懇求與溝通，還是沒有任何效果和回應，我們可能不得不接受被徹底拒絕的事實。得知這樣的結果，可能會湧現許多情緒：內疚、苦澀、失望和憤怒。我們可能會想，**自己過去為他們做了那麼多、犧牲那麼多**，感覺遭到背叛。我們可能陷入悲傷一段時間，問自己：**「我該怎麼活下去？」**

我們可能還會有其他感受：害怕在真正需要的時候沒人照顧，或是基於某些原因，覺得自己不值得或不配獲得照顧，應該為這類拒絕和遺棄負責。這種傷痛會讓我們很難建立新的親密關係。或許有一天，我們終究會放下這一切，情緒不再被遺棄這件事所主導，並接受可能再也見不到所愛之人的事實。但時不時，心裡還是會隱隱作痛，提醒著失去的一切。

愛麗絲是一名心理治療師，直到八十五歲仍在執業。快八十六歲時，她的身體開始有些狀況，不時忘東忘西，頭腦不清楚。四十多年的執業生涯讓她有足夠的積蓄，可以雇用幾位幫手，協助她處理家務和工作。她有一位祕書、一位打雜的助理、一位兼職的家事幫手，跟一個同住的學生。但這樣的開銷很大。在發現無法自己處理財務時，她透過律師授權給她的兒子約翰處理。約翰眼見自己的遺產因為這麼龐大的支出日益消失，很希望愛麗絲可以搬到安養院。愛麗絲最後同意了，因為約翰答應她可以在那邊繼續執業。但是這個承諾從未兌現。愛麗絲進到安養院後，發現她跟其他人受到一模一樣的限制。約翰還答應過她，如果不喜歡可以搬走。搬進去之後，她立刻發現那不是她想待的環境，但儘管她向約翰苦苦哀求，他還是堅持要她待在安養院。她只好留下來。幾個月後，她就過世了。

## 對經濟匱乏的恐懼

有些人會擔心將來的經濟匱乏，事實上，我們當中有許多人現在經濟上就已經處於困境。這樣的恐懼可能是事實，也可能過於誇大。但是我發現許多處於晚年的人士不管收入如何，還是會害怕沒有錢做想做的事、住在想住的地方。

這樣的恐懼可能占據我們的思緒和幻想，對於出身貧窮的人更是如此，從前吃不飽、穿不暖、住不好的記憶很容易被喚醒。因此，現在雖然經濟條件好很多，只要是經濟衰退或是收入減少，就會擔心基本需求沒辦法得到滿足。即便經濟匱乏並非燃眉之急，也不真實，但是引起的擔心、甚至恐懼，足以造成人心惶惶、心神不寧。對許多人而言，這樣的恐懼可能來自對經濟大蕭條（Great Depression）的記憶，以及從他人身上觀察到的不幸與痛苦。

《波士頓環球報》刊登過一篇標題為〈經濟壓力導致老年人自殺率上升〉的文章。

## 經濟壓力導致老年人自殺率上升

一位退休教師因為沒有能力照顧生病的妻子，心煩意亂之下，在六十九歲生日來臨之際，留下一張字條：「微薄的社會安全福利金已經無法養活我們了。如果我死了，至少你可以拿保險金過活。看完之後把這張字條銷毀，這樣你才能領到全額的保險金。我愛你。」

……在寂寞、失去收入、配偶過世或嚴重疾病的打擊下，老年人的自殺機率比任何年齡層都高。[8]

## 如何處理我們的恐懼

該怎麼處理我們的恐懼呢？我們可以試著忽略，無視它們的存在。可以當它們是無法處理的，想盡辦法逃離。也可以什麼都不做，期待它們自動消失。但是很不幸，這些懼怕還是會跟著我們，讓我們無法好好生活。或許面對、承受或竭盡所能抵抗它們，才是更好的辦法。我們甚至可以嘗試將恐懼轉化為力量。

我們還可以試著正確看待恐懼，多多認識生活中的風險。我們可以仰仗活了這麼久獲得的智慧，確信自己是堅強的。還可以跟他人談談恐懼，或許他們可以協助我們釐清這些恐懼是否實際。

最後，我們可以試著跟恐懼和解，真誠地接受它們。我們可能非常不樂意心中存有恐懼，但也許可以暫時放下負面的感受，試著不要拒絕、否認或抵抗特定的恐懼。如果可以把恐懼視為自己的一部分，感到害怕時多給自己一點耐心，或許恐懼會因此減少或消失。就算沒有，還是可以想辦法與恐懼共存；即使生活中有恐懼，仍決心追求目標，充實地過日子。

---

8 Diane E. Lewis, "Burdens of Growing Older Seen Behind Rise in Suicides," *Boston Globe*, November 28, 1988, 1-10.

## 遺憾與遺憾之事

在這漫長的人生中，如果沒有在某些事、某些關係或走過的路上，留下至今仍教人遺憾的事，就太不正常了。這些遺憾可能會不斷地提醒我們，有些難以處理的事情需要去面對，也可能偶爾提醒我們，個人過去的歷史曾有令人不愉快的事件。認識這些遺憾可能是有益的——**我們可以藉此回頭問自己。這些遺憾現在對我來說還很重要嗎？我仍懷有很深的感觸嗎？如果答案是肯定的，我要如何處理？**

伴隨遺憾而來的苦澀、怨恨或沮喪，可能妨礙我們展現最好的自己。對某件事或某段關係持續感到懊悔，可能會占據太多思緒，使我們無法專注在其他事物上。追悔可能牽制我們，無法在有風險或不確定的情況下採取行動。陷在做錯事的後悔當中，則會讓我們消極被動、裹足不前。

我們多常出現這樣的想法呢？**如果給我機會重來，我一定可以避免所有的錯誤，或是用累積的知識與理解，選擇一條相異的道路，擁有更美好的人生。如果沒有發生那件事，我的人生會多麼不同！**我們是不是都曾對自己說，**我走錯了人生的道路？**唯有放下懊悔或者與之和解，才能更充分地享受未來的歲月。

以下是一些老年人經常感到後悔的事。有沒有哪些是你特別有感觸，或是曾經發生在你身上的？

## 失喪

為心愛的人去世感到遺憾，特別是還沒活到晚年便去世的人，因為接下來還有好多年，我們必須面對這個特別的人不在的痛苦。我們為失去的健康和體力感到遺憾，覺得自己老得太快，失去曾經存在的自己。

生病了還去旅行，讓我的病情加重。我後悔患了支氣管炎還去中國。我的氣喘是上海的空氣污染導致的。

結束一段關係教人遺憾——因為我們遺棄了對方，或是對方遺棄了我們，又或者我們從未好好解決這段關係中的衝突。

失去自己身分中很重要的一部分，像是工作或一項重要的興趣，通常會令人感到遺憾。

## 與他人之間未解決的難題

有許多人曾經造成關係的決裂或破壞，未能實現自己承諾過的事，心懷怨恨或憤怒（有時長達數十年），未能好好處理衝突和意見分歧。

我的朋友麥克很後悔切斷他與一對夫妻長久而溫暖的關係。他說：「我的父母是在交通事故中喪生的。我哥哥打電話告訴我這件事的時候，他們就在我身邊。但是得知這件事之後，他們倉卒離開了。守喪期間，我沒有收到他們的任何消息。我覺得很受傷，也很生氣。後來他們試著恢復關係，我拒絕了。」

## 我們的缺陷與不足

我們為自己的缺陷感到遺憾，也就是個性沒有得到發展或展現的部分。建立和維持關係時不斷遇到困難、違反自己的行為準則、損害自己的誠信，都會讓人感到痛心。出於惡意或歹念做的事（像是明明有錢，卻不借給亟需用錢的朋友，以報復他們真實或假想中的輕蔑），也會讓人感到羞愧。應該出聲時卻保持沉默，不該說話時卻出聲，也會讓人感到內疚。

## 我們的傷害——受的傷害與帶給人的傷害

我們後悔沒有善盡為人父母的責任，沒有更積極參與家中事務。我們後悔沒有更努力嘗試與配偶經營更正向的關係。

給他人帶來精神傷害，還有面對那些擁有我們想要的東西和關係的人們，投以羨慕與嫉妒的情緒，在在讓人感到後悔。

我們因為被愚弄或背叛、造成生理或心理的傷害，多年後仍然感到痛楚。我們因為意外造成的傷害，以及隨之而來的痛苦與折磨而感到遺憾；它們改變了我們的職業發展，打亂了個人的生活。

## 我們的失敗與錯誤

我們可能會為做過的白工感到遺憾。

我的同事法蘭克曾經告訴我：「我真後悔在這本書上花了這麼多時間與精力。過去二十年，我寫了又寫，改了又改，但是怎麼樣都不對，白白浪費這麼多年。這件事成了我的阻礙——因為我覺得在這件事沒有完成之前，不能開始新的工作。最後實在完成不了，我還是放棄了，這樣我才能去做別的事。」

我的朋友羅傑是一位六十歲的退休高級主管，過去經常出差，工作到深夜。他提到一種常見的懊悔：「我很後悔沒有多花時間陪伴孩子。他們現在長大了，但我幾乎不認識他們。我錯過他們生命中最美好的時光，那是永遠無法挽回的。我感覺他們對我有怨，無法跟我親近。」

我們可能會後悔沒能完成自己起頭的事務，或是沒能實現為自己制定的計畫或許下的諾言。

在教育、職業或社交上缺乏成功，也會讓人後悔，像是沒有「功名成就」，沒有達到自己想要的社會地位或物質財富。或許我們覺得自己當初應該更努力一點，竭盡所能發揮實力。自己做過的一些傻事，或是置自己或他人於危險的行為，也教人後悔。

## 失望與錯失的機會

許多人都有未能實現的願望。我們可能還在為沒有得到回應的愛感到痛苦。我的朋友莎拉曾經告訴我：「我很後悔沒有嫁給當初向我求婚的那個人。最後我單身一輩子，沒有人可以愛，也沒人愛我。」

有些人感嘆錯過當初吸引他們去冒險或嘗試新體驗的機會。又或者，沒有選擇更貼近自己心意的職業，沒有去學想要學習的事物。老友艾倫告訴我：「多年來，我一直從事我厭惡的工作。它報酬不錯，我也需要這筆錢。我有老婆、兩個小孩要養，還有一間房子，我想過舒適的中產階級生活。有多少次我想要離開這份工作，去做內心更想做的事：當老師，教小孩。但是轉換跑道是不可能的，就算可以，薪水也差太多。然而，我內心深處還是後悔沒有順從自己的心意。」

這些遺憾造成的情感衝擊可能還很深刻，並且一直都在，也可能很微弱，只是偶爾浮現。我們可能感到情緒上的刺痛、隱隱生疼，或留著一個記憶。遺憾可能伴隨著其他感受，像是羞愧、怨恨、苦澀或焦慮；也可能令人難過，希望再有一次機會。回憶可能讓人想起當初的經驗，為此感到遺憾，也可能覺得那件憾事已經遠去。不管遺憾攙雜了什麼複雜的情緒、遺憾的事是什麼性質，我們都希望找到方法與之和解，試圖平息伴隨而來的痛苦。

在檢視你的遺憾和相關的情感時，你可以退到一旁，不把它們當成情感世界中常駐的一部分嗎？你可以想像如果……我的生命會很不一樣。或是你可以好奇，**如果當初我這麼做，會有什麼結果？**你可以幻想事情的可能發展，以及你錯過的一切。或者你可以想，**過去是過去，現在是現在。那些過去的事對我而言，已經不重要了。**

你可以把遺憾當成一種工具，用來跟發生過、但你寧願沒發生的憾事達成和解。你可以用遺憾來顧影自憐，懲罰自己，怨嘆自己的命運，抱怨自己的不幸或指責朋友的不忠。你也可以從現在的角度審視過去的遺憾，問自己從中學到了什麼。你能從痛苦中尋得智慧嗎？這些你後悔的事件，是否為你帶來什麼好處和價值，對你的人格發展是否有正面的影響？或許這些在過去看起來是失敗的事，後來卻能助你取得成就，避免類似的狀況發生。

我發現，承認並接受當時的我和現在的我不一樣，但無論如何都是「我」，對我很有幫助。愈是拒絕接受過去的遺憾（愈不想承認它們是自己過去的一部分），我就愈痛苦、愈後悔，而痛苦持續的時間愈久，就愈難以釋懷。然而，當我允許自己懊悔，就更能接受過去的失敗、錯誤和當時不被接受的行為。「接受」不代表我對發生的事情感到欣慰、滿意，或是我不希望事情有不同的發展。而是當我承認那些事是自己的所作所為和經歷，我更能接受那**就是事實**，而不會企圖逃避或否認它們的存在。在處理生命中的遺憾前，我會先追悼它們。我建議你也這麼做，以你認為合適的方式追悔那些讓你最遺憾的事件。

跟你感到遺憾的事件或人達成和解很重要。如果它是你沉重的負擔，讓你一直為過去所苦，或是讓你感到羞愧內疚、怨念深重，你就會失去追求成為最好的自己所需的能量，甚至欲望。

## 接受（與不接受）你的老化

這裡的重點是：你接受或否認、逃避或拒絕老化的程度如何？

接受老化的方式有很多種，端看你想要接受到哪個程度。你可能今天接受了自己的老化，隔天否認，另一天又將它置之度外。你可能接受一部分的老化（例如動作不再像過去那麼敏捷），但是拒絕另一部分的老化（例如大腦的敏銳度降低）。或者，你可能發現自己在某些方面其實是進步，而非衰退。你可能覺得自己的改變不大，跟十年前差不多——因此老化對你來說不是一件大事。或是你已經完全適應在晚年老去的想法，面對自己老化的行為不再感到驚訝，也不急於否認。你心裡可能很清楚，也可能只是隱約知道。你認為自己**有點**老了，但還沒有**很**老。或許你只是在心裡抗議變老這件事，默默地承受，也可能大聲抱怨。但是在某個時間點或透過某種方式，你將不得不面對自己的老化。時序上的事實是你逃避不了的，而你對這個事實的理解和應對方式，決定你是否能好好地老去。

**真正**接受自己的老化是什麼意思？它意味著，「相信這件事已經發生在我身上。我是老年人之一，是在晚年中老去的老人。我是老一輩、年長者、老年人，或是來到第三年齡層（指五十五歲到八十歲的人）。沒有如果、而是、但是——我就是老了，這就是我。」不管用什麼詞彙（有些詞彙會讓你覺得自己離老了還很遠，有些則是在「戳人痛處」），你承認、消化，也活在當下的生理與時序事實。這代表你清楚自己有著什麼改變，特別是生理上的改變。不接受，則意味著忽視、抵抗、否認它，不願意承認，甚至曲解或壓抑身體變老的事實。

當然，除了接受和拒絕，可能還有其他種態度或反應。你可能會因為老化的事實，在絕望中放棄自己。或是帶著怒氣和苦澀，屈服於變老這個無法避免的事實。你可能提高了覺知，密切注意老化跡象的出現與發展，專注於老化過程中發生的事。你可能試著在瞭解自己的老化與情緒、心理狀態的關係。你可能會讓老化順其自然地發生，也可能會透過運動、藥物、冥想或飲食來抵抗老化。你可能感到害怕或不滿老化的事實，認為發生的速度太快了。你可能對老化還算滿意。你處理老化的方式可能很現實，也可能很不切實際。

究竟你能接受老化是生命自然發展的一部分，或是拒絕它，有一部分取決於你對老化的期待和個人實際的經驗。如果你的預期（或經驗）是悲慘痛苦的，那麼你很可能選擇退縮，以否認和忽略的態度來保護自己。如果你預期老年很不愉快，你可能會以自欺、扭曲或幻想的方式來抵制它。但相反地，如果你的老化經驗多半正面積極，你可能會以樂觀的態度期待它的到來。

一位我熟識的朋友在她七十歲時，帶著熱情接受自己的老化。她說：「我知道我現在該做什麼了，做個『老女人』！」

我們接下來要探討的是，接受老化能帶來什麼樣的好處？

## 忍耐與堅持

晚年的老化是生理上持續地衰退與失衡，它的發生速度可快可慢。不管是快或慢，我們都要為這些生理上的挑戰做好準備。忍耐與堅持是為了不讓這些困難壓垮我們的生活，或者失去按照自己的方式生活的欲望。這表示你要**不屈不撓**，要有決心（堅持以積極的態度面對生活）；你要**堅持到底**，不能放棄（與困擾你的逆境抗衡，不屈服於消極的心態和絕望）；要**愈挫愈勇**（盡全力忍受疼痛、限制和挫折）；不因為壓力而退縮；要**奮勇前進**（承受逆境，相信最糟的部分很快就會過去）；承擔壓力和痛苦（不要因為這樣就變成一個暴躁、刻薄、難相處的人）；展現你的韌性，不輕易被打倒。忍耐與堅持就是在重重困難中，保持精神和情緒的平衡，竭力和把你向下拉的包袱相抗衡。忍耐與堅持是在逆境中，帶著希望繼續過日子，同時期待事情會好轉，你會變得更強大、更有能力面對未來的困境，因為你已經經歷過，也從中獲益良多。總而言之，在你堅持不懈、努力克服困難後，你會變得更強大、更有韌性。

拒絕放棄並忍受老化帶來的疼痛、折磨與憂慮，需要很大的勇氣和決心。但是接受它的考驗並堅持奮鬥、忍耐，可能讓你達到更高的成熟度。在重大的危機中堅持下來，將有助於精神與人性面的成長。

❖

我的朋友大衛八十六歲時被車撞了。這場車禍造成的衝擊很大，他被撞飛到空中，在距離碰撞地點三十英尺的地方著地。他的腿嚴重粉碎性骨折，頭上破了個洞，被送往醫院時已呈現半昏迷狀態。當他告訴醫生他是個老師時，那位剛好是骨科專家的值班醫生決定改變治療方式。由於傷勢太嚴重，他一開始打算替大衛進行雙腿截肢手術。和大衛談過之後，他的想法改變，進行了九個多小時的手術，將大衛的腿修補起來，希望能恢復到可以使用的狀態。手術過程中，大衛接受了幾次輸血。就一個八十六歲的老人而言，他的表現非常優秀，特別是頭部也有需要縫合的地方。從事故發生到他出院回到家，歷經了六個月。這六個月的前半段，他住在一般的醫院，後半段則換到復健醫院。住院期間，有許多朋友、家人、學生和同事去探望他。他也有許多時間思考，特別是關於一名嚴重受傷老人的感受；思考他的生命中有什麼可以激勵他對抗疼痛，為了復元和生活繼續努力；想一想未來——他是否想要擁有未來、什麼樣的未來，還有，在不確定自己是否還能再次行走的情況下，他是不是應該繼續奮鬥。以下是他努力的過程，以及他如何跟這場車禍和他的人生達成和解。

第一個星期，大衛還處於驚嚇狀態，沒辦法完全聚焦於究竟發生了什麼事。當他頭腦稍微清楚一點，瞭解自己的困難和處境後，他陷入抑鬱。許多朋友來到他身邊，試著為他加油打氣，表示他們有多在乎他，同時安慰並鼓勵他，也接受在發生這樣嚴重的意外後，他必然會感到沮喪。

隨著大衛慢慢從抑鬱中走出來，他告訴我，他的人生被迫中斷讓他深感遺憾，因為這場災難，他必須想辦法重整生活。他原本打算和最近認識的一個女性朋友一起去旅行，現在不得不放棄這個計畫。但是最重要的是，他說：「……我害怕失去她。我的現狀這麼糟，她怎麼還會想跟我在一起？」儘管他心中有恐懼，在他住院期間和出院後，他的朋友珍始終是忠實的訪客。

大衛告訴我，他在床上動彈不得、等待雙腿復元時，承受了很多心理上的痛苦。他表示：「我有很多衝動、欲望、很多想做的事，但是沒有那個體力，也不知道要怎麼恢復。」接著又說：「我的年紀是老了，但是精神沒有。我有很多事跟不上腳步，大腦也不如以前清楚，甚至連字都寫不好。」

在復健醫院時，大衛的心情從抑鬱轉成想要戰勝抑鬱，再轉變成感受到朋友的鼓勵、決心回到從前的樣子，接著是不確定他能不能跟從前一樣，到最後他對復元結果抱持開放的態度。

在復健醫院的初期，必須長時間臥床讓他很不耐煩。從病床進步到坐輪椅後，他又對於在輪椅上待那麼長的時間感到不耐煩。之後，終於回到家，可以在家裡使用輪椅後，他又急著要改成拄拐杖。拄拐杖走路一陣子後，他開始強迫自己不用拐杖走路——至少扶著家具走一點。雖然有進步，但還是覺得進展太慢，所以儘管受傷的腿感到疼痛，他也不斷強迫自己再多走一點，盡可能做到極限。

在醫院住了七個月、回到家不久，他告訴我：「整個狀況還是讓我很憂鬱。我試著讓自己保持忙碌來對抗憂鬱的心情。我邀朋友來家裡坐。我主動打電話跟大家保持聯繫。偶爾有意外的訪客上門，會讓我精神振奮，不再只擔憂自己的狀況。好朋友的陪伴讓我不再孤單寂寞，給我帶來溫暖和快樂，也讓我有機會表達我對他們的愛。人際關係是我的主要動力，特別是與珍的關係。但是他們一離開，我的擔憂就又回來了。」

除了友誼之外，他也透過規畫未來，以及保持忙碌，像是看書、做飯，來抵抗絕望。他還發現感到抑鬱時，對著自己咒罵很有用：「你這個王八蛋！懶惰鬼！你這個偽善的人！騙子！」他說這種方法可以宣泄他的負面情緒，特別是對那場意外的憤怒。

夜晚是大衛特別容易感到焦慮的時刻。他說：「我躺在床上，試想各種不愉快的可能。我對自己說：『下雪的時候怎麼辦？那時怎麼拿拐杖走路？我是不是只能關在家裡了？』接著又對自己說：『事情還沒發生，為什麼要把自己搞得緊張兮兮？再說，我也無計可施。』」

回顧這起意外，大衛表示：「它打破了我生活的連貫性，中斷了我的教學、我的旅行計畫和手上的所有事情。教書的大門已經關上一半。」（他現在被要求轉為兼任，這讓他非常失望。）

儘管還不清楚雙腿能恢復到什麼程度，大衛非常努力復健。他說：「這場意外徹底改變了我，讓我呈現半死不活的狀態，覺得自己不再行動自如。我覺得力量被削弱了。我不認為自己可以不拄著著拐杖走路，而不用擔心跌倒。」

我跟大衛會談時，距離車禍發生大約有七個月了，大部分時間他都坐在輪椅上。他每天會練習走一會兒路，然後騎騎室內腳踏車。他每週配合物理治療師運動三次，並強迫自己多做一點——多到有一次他試著自己走路，結果摔倒傷了自己。他盡量不讓別人幫忙，甚至需要扶著另一人的手臂時，也不想依賴人。他強烈渴望獨立，那是他極力想要保有的，所以總想比建議的程度多做一點。

大衛在抵抗憂鬱和想要放棄的衝動上，展現很大的勇氣。當他激勵自己改善自己的處境、持續去生活、去愛時，他的生命能量一再地湧現。為大衛進行評估時，我不得不提那位深愛他的女性朋友，以及所有關心他的朋友的重要性。這些朋友打電話給他、拜訪他、鼓勵他，為他加油打氣，轉移他的注意力，跟他聊八卦。他們帶消息給他，講述發生在他們身上的事。住在他樓上公寓的男房客也對他照顧有加，充當他的司機，協助他上下輪椅、看顧他，讓大衛有人可以倚賴。

大衛不讓疼痛、瘀傷和無法使用的雙腿成為障礙。他說：「我必須鞭策自己，這點很重要。我必須忍受疼痛，才能夠走路。我不能放棄。我問自己『這一切什麼時候結束？』的時候，感覺還非常遙遠。我八月想跟珍去歐洲。我必須找個目標激勵自己，這些都是我前進的動力。我不會因為疼痛就停下來。我得正面迎接現實並忍受它。我試著接受它，但是這場意外太過嚴重。可是我的腿沒有被鋸掉，我也沒有在意外中喪生。」後來，他似乎跟這場意外和解了。他說：「事情發生了，所以我接受它為既定的事實。我為這件事感到憤怒、遺憾，但是我不恨她（撞到他的駕駛）。我知道等我可以走路時，這一切就過去了。沒有什麼事是永遠的。」他似乎接受了自己的命運。他說：「我從來不認為這場悲劇是衝著我來的。」

進入另一種情緒時，他說：「這場意外是我人生通往下坡的轉折點。我跟以前不一樣了。我沒有裝備，也沒有精力重新開始。我的努力還不夠。雖然我一直在挑戰自己，但我很少覺得自己做夠了。我對自己很嚴苛，不管做什麼事，我總覺得應該多做一點。」他用第三人稱的角度責備自己，對自己說：「你應該為自己感到羞恥！」

回顧這場意外，他總結道：「發生了這場意外，有時我會感到非常挫折，為我受到的束縛、痛苦、復元速度太慢，以及無法實現的想望，覺得挫折。我心想，何不讓一切結束呢？但是我沒有採取任何行動。一段時間後，我想要恢復健康的決心又回來了。我絕不放棄。絕對不屈服。」

## 跟上自己的腳步

要如何掌握自己在老化過程中的確切階段？這裡的重點在於**跟上**自己變化的速度。我的生理、情緒、心理和社交都在一點一點地改變。只有回頭看時，才會發現自己在老化過程中的位置又移動了。從改變到發現自己改變之間，有個時間差。我試著將這個差距變小。如果可以做到，就更能根據我的能力、現實和受限的情況，見機行事。

除了專注於身體目前的狀態，也可以多留意其他方面的改變。你是不是因為體力衰退，提不起勁與人互動呢？你對自己的態度是不是不一樣了？你如何經歷身體的變化？你的興趣和人際關係是不是改變了？精神和靈性狀態是不是也有所改變？你看待生命和其他人的態度是否不一樣了？你的思想和情感本質是不是有些變動？你的情緒強度降低了，還是提高了？你是否仍對發生在世上的事感到震驚和憤怒？你是否覺得自己更容易生病，生理上更沒有安全感呢？你更加關注自己的財務狀況嗎？你的視力是否衰退，短暫記憶是否變差了？你是否對要動腦的事或是當天的時事，沒那麼關心了？你是否能保持自己的敏銳度呢？比起從前，你變得更有耐心，還是更沒耐心呢？

意識到自己的衰老過程，代表每天都會有新的發現、新的恐懼、新的探索或是新的憂慮。你可能會發現新的失衡、一塊新的禿斑、另一處鬆弛的皮膚、一條新的靜脈浮出。或是在照鏡子時，發現你比自己以為的更老。這樣的觀察可能讓你感到新奇，也可能帶來不安。既可以激發你接受並擁抱蛻變中的自己，也可能讓你在情感上產生排斥。不管你的反應如何，都是對自己的關注。試著跟上自己的腳步，持續認識這個隨著時間改變的自己。

多關注身體和心理如何隨著年紀增長而改變，會讓你對生活有更適度的掌控，更清楚知道在現有條件下，你想過什麼樣的生活。

## 體力下降

這裡，我們要討論如何面對體力的下降和生理機能的衰退。

隨著體力衰退，你的能量和耐力都會跟著下降。你會更容易覺得疲累，視力和聽力也不如從前。你可能會過度補償這些狀況，像是(1)讓自己變得更忙碌、更活躍，把行程排得滿滿的，承擔超出自己能力範圍的任務；(2)或者相反地，做比自己能力範圍少的事；(3)什麼事都不想參與，因為你「太累了」；或是(4)拒絕做事或與人建立關係，因為太費精力了。又或者，你可以在做太多和做太少之間，找到恰好符合自己負荷量跟能力的平衡點。

除了體力的衰退，你還會有情緒上的反應。你可能對一個新的身體狀況感到害怕，擔心不會恢復或持續惡化。你可能過度專注在這樣的問題，使它變成你的煩惱或擔憂的來源。你可能預期將來要面臨太多痛苦和折磨，因此感到焦慮不安。或是你可以平心靜氣地接受各種機能衰退，期待自己很快適應。你可能會為了保護自己，選擇不去注意。衰退讓你感到沮喪，你也可能因為自己狀態不好，羞於見人，不想與人互動。也許你可以冷靜地思考這些問題，把自己當成超然的觀察者，試著留意這些機能變化及其帶來的影響。你可以告訴自己，身體的衰退和心智或情感上的衰退沒有絕對的關係。即使身體衰退，還是可以保有敏銳的心智和同情心。

## 我是誰？

年輕時，特別是青春期，你費了多少工夫尋求自我認同呢？認同的問題其實是持續一輩子的，到了晚年，你可能需要重新定義或建立你的身分認同，或是處理還沒找到答案的認同問題。你對自己瞭解嗎？別人眼中的你和自己認定的你一致嗎？不管是正面或負面，你是否意識到身分認同上的任何改變？

你可能知道自己與眾不同，有一個你感覺到、經歷到、有內在深度的自我，但是也明白你和其他人類有著共通的屬性。你的身分認同可能包括知道自己的角色、明白你與他人的關係，例如是某人的朋友、某人的爺爺。如果你對自己的身分認定夠堅定，你會感到一種連續性與一致性，跟你的過去，以及生命中的其他人有一種連結。你會知道自己從何而來、如何成為現在的你、現在的你又是誰，以及將來的你何去何從。你可以把自己當成某種代理人或發起人，一個清楚知道你的真實樣貌的人，並帶著那樣的認識在世上行動。

對自己的認識經常涉及比較過去的自己和現在的自己，並且相信這兩者之間是有連續性的。

即便身體經歷了極大的改變，我的朋友大衛這麼說：

我的主要特質改變得並不多。我的情感和態度沒有變。我的期待稍微少了一點。我的身體比較虛弱了，寫作和工作的能力也不如從前。從八十歲開始，我就注意到我的體力衰退了。早上不容易起床，做事情的速度也慢。五、六年前，我還可以劈柴、跑步。聽力減退對我是一大挫折。身體機能是我很重要的一部分，而它在八十歲後開始改變。我不像過去那樣滿腔熱血。八十二歲時，我還有體力一口氣去七個國家旅行，所有規畫安排都是自己來。現在沒辦法了。

你一直以來熟悉、感覺良好的身分認同，代表的可能是你現有身分的正面特點。然而，隨著年紀增長，負面特點開始進到你的身分認同——例如，覺得自己是個體力不足、身體機能有障礙的人，一個生理、社交和心智力量薄弱、沒有效力的人。你開始用負面的眼光看待自己，覺得自己變了一個人。又或是你覺得現在的自己很陌生、很疏離。而最讓你難過的或許是，你認為所剩的日子不多了。

我們這裡要問的問題是：什麼樣的身分認同對一個晚年的人才是合理、適當且符合現實？我們要如何結合負面和正面的特點，以找到協調的平衡呢？我要如何留住那個喜愛挑戰，也願意回應挑戰、勇於把握機會的自我，致力將自己發展成一個積極的人，努力成為最好的自己呢？

## 過去、現在和未來

重點在於如何平衡並結合過去、現在與未來的生活。

我們都活在三個時態當中。年紀愈大，活在過去式的時間就愈多，活在未來式的時間就愈少。然而，現在式才是我們真正活著的時間。如果你的過去比你的現況好很多，你可能會耽於空想和追憶過去，想自己過往的成就、那些感覺良好的時刻和令人得意的生活。你可能會專注在回憶中，拿它們跟現況比較。你緬懷過去，將它視為生命中最重要、最快樂的一段時間，因而加深了你對現況的不滿。當下過得不是那麼如意或風光時，回想過去的自己和舊時的豐功偉業會特別吸引人，也特別具有說服力。活在過去，可以藉由回顧歷史、重拾過去令人渴想的身分，試圖讓現在的自己重新振作，同時也是在安慰自己，你對自己和別人都很重要。

另一方面，你可能是個傾向把重點放在正在經歷的事、特別專注當下的人。如果你的過去是不堪的，你可能需要忘記它，或是為它重建一個不同的形象，同時希望自己可以從中學到教訓，避免重蹈覆轍。如果你是一個「現在導向」的人，你可能覺得**當下**是你唯一擁有的，所以想要充分發揮它，從中獲得最大的滿足。你可能覺得過去值得珍惜，也可能認為過去不夠充實。你會根據當下的需求，選擇參考你的過去或者對它無視。你可能不只是重視當下，同時還對未來充滿期待，因為你憧憬即將發生的事、期待各種驚奇與刺激，還有讓你成為更好的自己的種種機會。

那你又是如何看待未來的呢？你可以利用對未來的想法提升當下，或是利用當下為未來預做準備和盤算。或許，你對未來沒有什麼掛念，因為你已經做了所有能做跟需要做的事了，認為船到橋頭自然直。你也可能對未來過於**短暫**感到憂心。你可能對自己將來要成為什麼樣的人、做什麼樣的事有諸多期待。這些期待，可能是根據現有的經歷而來，也可能是基於你對自己的認識、無意識的幻想、從過去預測未來的結果、對自己的信念、長期持有或最近養成的習慣，或者你對下一段職涯進行的規畫。

期待是我們對未來的預測和參與，這麼一來便有了某些程度的掌控、不致措手不及，也讓自己吃下定心丸。期待同時也指引、影響並決定了行動。我們經常會對他人的期待做出反應，去做別人要我們做的事，或是成為他們期待的樣子。同樣地，我們也會依據自己的期待行事，不管這些期待是明確還是隱藏的。透過向我們發出的信號，告訴我們該做什麼、該成為什麼樣子、該追求什麼樣的目標，這些期待塑造了我們。

既然我們對過去愛莫能助，未來不得而知，當下又是我們唯一擁有的，學會活在當下就成了極其重要的事。這意味著我們需要留意正在做的事和發生在我們身上的事，將這些經歷消化吸收之後，採取行動。這麼做必須集中精神，除去讓人分心或過度占據心思的念頭。聆聽他人要表達的意思、傾聽自己的聲音，試著瞭解事情的全貌。對正在發生的事的細微之處，保持警覺和開放，再根據當下的理解做出反應。

## 放棄和接受

隨著年紀增長，體力的質和量都會衰退。因為這樣，我們的想望和需求可以跟著減少。但另一方面，為了彌補老化帶來的匱乏與脆弱，我們的想望和需求可能隨著年紀而增加。或是因為時間點不同，兩種情況都出現。你屬於哪一種呢？你清楚自己最後放棄或失去了多少，又接納了多少嗎？弄清楚之後，你是否確定自己的限制在哪裡——什麼事是你可以做的，做到什麼程度？什麼事是你做不來的，**做得來**的程度到哪裡？

你要如何處理那些失去的人事物（例如，一位離開的朋友、一場網球賽、某個抱負、頻繁的性生活、來自他人的關愛減少）？是找東西取代它，或是另外開發新的事物（更多運動、更多關於生活的思考、把冥想融入生活中）？你是否發現自己的興趣、活動和參與比預期更少，或是多到超出可以應付的範圍？你想念失去的人跟事嗎？缺少這些讓你覺得難過嗎？你會因此覺得自己有所不足，或是自尊降低嗎？或是過去這些事讓你感到振奮，給你一種重新得力的感覺，從而補足某些方面的缺失呢？

## 時間的恆久不變

時間是讓生命之所以存在的媒介。在不同的人生階段和不同的情況下，它的意義都不一樣，給人感受到的流逝速度也不一樣。

重點在於：(1)你對時間的態度和感受；以及(2)有鑑於這樣的態度與感受，你如何使用並管理你的時間。

以下是一些晚年面對時間的態度與感受：

- 時間流逝飛快。我的每一天隨著時間奔流而逝，流動速度之快，教我分不清楚今夕是何夕。
- 我沒有足夠的時間做我想做的事。
- 時間有限，我不能虛度光陰、浪費任何一刻。
- 時間沉重地掛在我的手上，它流逝得如此緩慢。
- 每一天都很寶貴，都應該珍惜。

- 時間是我們的敵人，偷走我們的生命，讓我們一步一步邁向終點。
- 時間是我們的朋友，塑造我們的生命，給予我們足夠的空間做自己，做我們該做的事。
- 這些年竟然就這麼消逝了，我不敢相信自己已經活了這麼久。歲月流逝的速度簡直太快！
- 時間悄悄地溜走，我必須學會管理時間。
- 我的時間太多了，不知道要拿它怎麼辦。我必須學會如何「消磨」時間。
- 我過度在意自己的時間所剩不多，以至於不知道該怎麼好好使用它。
- 時間對我是一種珍貴的貨品，供應量有限。

這些陳述反映出三種面對時間的態度：(1)時間短暫而有限，特別是所剩的時間遠少於已經度過的時間。(2)如實地看待時間，沒有特別覺得它流逝的速度是快是慢，以及(3)實際的時間是短的，但是在心理和體驗上的感受卻是長的。

假使你想要完成所有想做的事，但覺得時間不夠，必須更充分地利用它，可以仔細檢視你是如何使用時間。想一想你可以如何規畫時間，並做一些選擇，將時間效率發揮到最大。下面是你可以採取的方式。

根據你的價值觀、需求、信念和義務，評估哪些事值得做，哪些不值得做。哪些事是你非常想做，哪些事是儘管想做、但不做也無所謂？

為自己篩選值得做的事，並排定優先順序。

你必須決定如何安排時間：在進行下一個活動前，要在某個活動花多少時間。你可以制定一份嚴謹的時程表，或者想出一套有彈性、可變通的一般指引。

覺得時間短暫，可能會讓你急躁匆忙。這時要留意，避免像無頭蒼蠅一樣瘋狂地亂竄，或是成為另一種極端，因為不知所措，導致最後一事無成。如果你可以從容不迫、有組織地安排時間，便能坦然面對時間的流逝，不再那麼焦躁，盡情享受你使用時間的方式。

如果時間不是特別讓你憂心，你沒有過度在意時間流逝的速度是快是慢，或者是否短暫，你可能會很悠閒、很隨性，也可能很認真地做你的事、過你的日子，端看你的情緒、所處的情況，以及需要承擔的事務而定。

最後，如果你認為你擁有的時間沒有限量，每一天都是新的開始，便能好好欣賞捕捉你視線的大小事。你可以花時間慢慢地、仔細地端詳你看到的東西，尤其是美麗或特別吸引你的事物。你可以認真觀察，找出它們的獨特之處，還可以試著縮短距離，讓自己跟這些事物連結在一起，讓它們成為你的一部分。一段時間後，你可能會開始為這樣的經驗感到振奮。你可以去感受蟲鳴鳥叫、從樹間穿過的風，或是寂靜夜晚帶來的靜謐與釋放。去感受灑落在皮膚上的暖陽、在花草樹木間綻放喜悅的春天。如果傾聽的時間夠久，你可能會發現鳥鳴聲已經與你相融，合而為一。這時，時間的流逝不再重要，它彷彿是靜止的，將你定在永恆的**當下**。

在晚年中老去，提供我們許多機會。我們可以利用這段時間將人生的不同階段、經歷和脈絡，包括你的想法、欲望和自我意識，整合成一個連貫的個體。藉著建立這個包含你的過去和現在所有重要事件的人生圖景，或許可以找到個人生命的連貫性、一致性和意義所在。

在這些老化議題上，得到令人滿意的解決方案很重要。如果這些問題一直讓你無法釋懷，或是感到矛盾、不明確和遲疑，很可能會干擾你努力不懈、想要有效追求你為自己訂下的目標的動機或動力。

大衛這麼告訴我，他是怎麼看待老化的：

我不知道什麼叫老。我認為我還是小衛，是我媽媽最疼愛的寶貝。我不去注意我的生理缺陷，也不去想老化。我認為我跟過去一直是同一個人，我的觀點跟年輕時都一樣。我不認為我是老人，但是我對我的身體做了必要的讓步，不再慢跑，也不再游泳。我為此感到遺憾，但這不影響我。我認為我還是舊時的我：頗為開心、有些聰明、有能力、有目標——背景有趣、生命滿有成就的一個人。

# 7 和解

人生旅途上，我們會不斷累積未能解決的議題，以及無法釋懷的遺憾。年紀愈大，這些縈繞心頭的議題就愈多。我們是否想要著手處理，取決於這些議題帶來的壓力有多大；是否還有情感上的重要性；我們是否有處理的欲望、需求或意願；這麼做會不會引起焦慮或可預期的不適。

我們能不能好好老去並成為最好的自己，取決於未能解決的議題有哪些，以及我們是否能好好解決它們。因此，探討如何將自己從這些議題中解放出來，將幫助我們有更多精力追求我們的目標。

我接下來會用「議題」這個詞，來代表那些未能解決、仍然困擾我們的問題、挑戰、矛盾和遺憾——那些我們覺得需要解決、和解的事。

「和解」的意思，是接受讓我們感到痛苦和困擾、仍然帶給我們負面情緒的議題，包括過去和現在。和解可以是找到一種能夠接受的方式來面對它們。例如和某人達成決議，或是修復破碎的關係。和解也可以是處理和自身有衝突的狀況，在這些議題上與自己達成共識。最後，它可以是正面解決棘手的問題，隨後帶來一種成就感和圓滿的感受。面對未能解決的議題時，首先要辨別哪些議題仍然重要，會影響我們的情緒。和解的目的是將它們處理到某個程度，不再使我們情緒激動，在餘生繼續干擾我們。

下面將討論與各種議題達成和解的方式，其中有一些可能是你熟悉的，有一些不是。不同的問題需要不同的解決方式，而同一個問題可能有多種解方。每個人都有適合自己或對自己比較有效的方法，我們的挑戰是找到最適合自己的方法，把問題解決，讓它消失。是什麼原因讓你無法完全發揮你的力量和能力？解決這些問題，或許可以讓你更容易發現自己能夠實現什麼樣的轉變。

跟這些困擾你心思意念的議題達成和解，可能讓你獲得哪些成果呢？它們造成的痛苦會減輕。折磨你的傷口會得到醫治。你可能會獲得滋養，或是找到滋養自己、彌補匱乏的方式。你可能會更瞭解發生在你身上的事，包括你做的事情，以及別人對你做的事。這麼一來，你便能為再次發生做好準備，或者防止它再次發生。萬一又發生了，你也不會那麼氣憤或不知所措。突破挑戰和掙扎、與議題達成和解，可能為內心帶來平靜，對自己和他人更具同情心，對人類境況的本質有更深入的理解。

以下這些尋求和解的方式並非互不相干，此外，它們需要一點時間才能上手。有些議題不是那麼容易就能和解，如果一次沒成功，就再試一次。多試幾次之後，或許就能找到哪些方法對你有用。

## 為你的失喪哀悼

### 議題：父母親的去世

以下是我自己的例子：為我的母親哀悼。這是一個漫長過程的簡短描述。

在我八歲的時候，母親過世了。當時的我被悲傷淹沒，感到非常迷茫、失去方向。六十六年過去，我依舊清楚記得喪禮開始之前，我在母親的靈柩前一次又一次地流淚。

我動也不動，愣愣地站在街上。只要有同學或熟識的人經過，我便忍不住哭出來。我無法完全弄懂或消化正在發生的事，只知道自己很害怕、感到困惑和羞恥。後來我知道，有一部分的羞恥來自同學知道我沒有媽媽了，這讓我覺得自己「不如」他們。

我記得一位阿姨歇斯底里地對著我痛哭，說道：「可憐的孩子，你沒有媽媽了，該怎麼辦呢？」這句話讓我再次湧出一陣陣苦澀的淚水。最後我的眼淚流乾了，我也因為筋疲力盡停了下來。

多年後，我才明白那些眼淚夾雜著困惑、恐懼、極度的悲傷和羞愧，還帶著一種被遺棄、不安、孤獨和自憐的感受。是啊，我沒有媽媽了，我該怎麼辦？我**能**怎麼辦？

接下來幾年，我在母親逝世週年那天，都到猶太會堂為母親念誦哀悼死者的禱告。這時候，會眾的憐憫和同情會讓我再次流淚。雖然隨著年紀增長，有更多的淚水被壓抑住，但還是有足夠的淚水讓我感受到那深切的哀傷。

在我的青春期和成年的早期，有很長一段時間我不大哭。我想是因為我在潛意識裡遵循了「大男生不能哭」的規範。直到多年後，我才確定了大男生也**應該**哭。這對他們絕對有好處。

下一段鮮明的記憶，是我在心理分析療程中哭了好幾次。我三十歲開始接受心理分析治療，記得每次談到母親的死，我都會稍微掉一下眼淚（時間不會太長，也不再掉太多眼淚）。

等到我四十歲出頭，美國引進各種冥想方式，作為幫助內心平靜和體驗靈性的修練，我也開始學習。到了第二年，有一天早晨醒來，開始靜心冥想時，我竟突然哭了起來。一開始，我強忍著淚水，想要繼續冥想，但是眼淚顯然戰勝了冥想，堅持要流出來。在我決定放任自己哭泣後，眼淚就像洪水一樣湧出，而且持續好一段時間。我可以停下來喘口氣，但接著又是一陣眼淚狂流。就這樣，有好幾個早晨我都哭了半小時以上。我大量地釋放淚水，停止哭泣後，就讓淚水再次滿盈，然後再一次釋放。這種情形每星期會發生三、四次，而且持續好幾個星期。每一次的釋放都讓我感到被洗滌、被安慰。我帶著深層放鬆的心情開始新的一天，也對那些眼淚有了正面的看法。事後看，我發現我在為失去母親而哭泣，我一直沒有和她的死去達成完全的和解。

一段時間後，我參加了一場研討會，自願在一場心理劇中重現母親去世的關鍵場景。研討會的負責人設置了非常逼真的喪禮場景，並讓小組成員扮演我的家人，還安排一位成員扮演我的母親，躺在棺木中。一切就緒後，我才說幾句話，就突然痛哭道：「你為什麼離開我？」接著，淚水便不受控地流個不停。我的情緒爆發，我抽噎、哀泣，哭到不能自已。戲劇進行不下去了，一位小組成員緊緊抱著我好幾小時。這段時間，我放聲大哭，讓眼淚狂流。我的身體因為嗚咽而抽搐顫抖，緊接著又是一股淚水湧出。不受控的哭泣一次又一次爆發，中間只有短暫的消停。就我記憶所及，我在那幾個小時完全沒有停下來，時而安靜地流淚，時而放聲痛哭或嗚咽。

我從這些哭泣的經驗深刻體會到，欣然接受眼淚、讓它盡情流出，能幫助人跟深切的失喪達成和解。我也發現，這樣的哭泣可能要斷斷續續進行好一段時間，才能得到令人滿意的處理。也許我們永遠沒辦法和沉痛的失喪完全達成和解，對它釋懷。或許傷痛的程度會降低，不再占據我們的生活重心，但是它不會完全消失，甚至時不時會在生命的旅程中讓我們流下眼淚。最後，我發現為母親哀悼的同時，我也在為自己、為終於可以停止哭泣的那一刻哀悼。

如果你需要達成和解的議題之一是失去摯愛的痛，我建議你不管在什麼時候、用什麼方式，只要你覺得需要就進行哀悼。用你認為合適的方式，完全地、部分地或是間歇地發洩你的悲傷。

下面這段故事，描述跟另一種失喪達成和解的方式：

對喪偶的高中教師喬安來說，這輩子最沉重的痛莫過於失去在十八歲時加入邪教的獨子約翰。這個成長於六〇年代的孩子受到誘惑，離開中產階級的家，斷絕與母親的關係，搬到邪教成員的集體住所。喬安幾次悲痛欲絕地要他回家，他卻態度強硬地告訴喬安，他不想再跟她有任何瓜葛。喬安非常難過，無法承受這樣突如其來且嚴厲的拒絕。她試著跟他聯絡，但是都沒有結果。幾年後，她決定放棄再次見到他的希望。這時候，她透過照顧和關愛她的學生來跟自己的失喪達成和解。她花很多時間跟學生相處、輔導他們、邀請他們到家裡，把他們當自己的孩子一樣照顧。這樣的關心甚至在他們畢業後還持續著。約翰這麼多年來音訊全無，喬安告訴我：「我當他已經死了，永遠不會回來了。」儘管認定他不會再出現，她心裡還是迫切想要見他，希望用某種方式跟他和解。又過了幾年，她再度試著聯絡他，終於跟他通上電話。然而，約翰在電話中表示，再也不想見到她。悲痛欲絕下，喬安不再抱持任何希望。她花更多精力在學生身上，然後不斷告訴自己：「我兒子已經死了。」只是她沒有完全說服自己，因為幾年後，她再一次試圖聯絡他。這次，他答應到家裡看她，也確實在一個同伴的陪伴下這麼做了。但是喬安發現約翰之所以來看她，是想要從她那裡拿到錢，那位同伴則是要確保約翰會及時回到他們的集體住處。喬安不願意給他錢，因為她知道這些錢會落入邪教手中。這讓約翰很不高興，最後負氣離開。喬安覺得很心痛、很憤怒，他不是因為對她有感情或是關心她才回來看她，而是為了從她身上要到錢。

這次見面過後，喬安徹底放棄跟約翰聯絡的意圖。她決定將他從自己的意識中移除，藉此跟她的失喪、悲痛和憤怒達成和解，儘管她還是時不時會難過地想起他。他們之間沉靜了好些年，直到約翰的父親過世，喬安跟他聯絡，要他回來參加喪禮。他短暫出席了，這次一樣有一位夥伴陪同。他跟喬安簡短說了幾句話，喪禮後立刻離開。

之後，喬安再一次打電話給約翰。這次，他的接受度比較高了，因為他自己也結了婚，有個小孩，他希望母親可以跟小孩見上一面。喬安對他的用意心存懷疑，怕他又想拿她的錢。然而，她還是答應去他們所在的城市看他跟孫子。她見到孫子時開心極了，也跟兒子重建了關係。接下來幾個月，喬安寄了禮物給孫子，也收到孫子的照片。他們之間的關係變得友善起來，約翰也更熱中於他們之間的互動。但是很快地，喬安便發現這樣的改變不只是因為孫子的出生，還因為那個邪教團體正在瓦解，並且打算放棄他們的集體住所。喬安不得不重新思考約翰想要與她親近的事實，她不確定背後的動機是什麼。她問自己：「在被他折磨了這麼多年後，我真的還想要維持這段關係嗎？他是誠心想要恢復母子關係，還是財務陷入困境，才想恢復這段關係？他是不是想利用孫子從我這裡拿錢呢？」她把這些懷疑藏在心裡，並沒有排斥約翰頻繁地主動來訪。這個和解的過程緩慢、痛苦，而且帶著不確定性。一直到一年或兩年後，喬安才慢慢接受約翰跟他的家人，也開心自己當了奶奶。她試著把二十年來的痛苦放下。

現在，約翰每幾個月就帶著家人來探望喬安。喬安歡迎他們的到來，渴望一個擁有孫子的家庭，但她仍感到矛盾。她的內心想要相信這個和解是真誠且不會改變，現在他們確實是一家人了，但是她的大腦提醒她要保持警覺和懷疑，和解的背後可能是想從她那邊拿錢的算計——可能是現在就想要錢，也可能是為了將來的遺產。她接受了這樣半信半疑的矛盾心理，也表現出這個兒子是她失而復得的，但是在她心裡面，懷疑和痛苦都還在。只有時間能告訴她這個矛盾會怎麼收尾。她終究會放下這種矛盾心理，還是會一直惦記相持不下的兩種感受呢？

**下面是關於哀悼逝者的其他建議：**

回憶並反思你與死者的互動，找出他們離開後，你最想念他們的是什麼，讓自己充分感受當中的痛苦。在墳前待一段時間，讓思緒和情感帶你到它們想去的地方。用任何你覺得適當的方式為逝者禱告，穿戴象徵哀悼的服飾，像是黑色的衣服——如果你認為這麼做有幫助。你也可以定期紀念逝者。哀悼的時候，接受親人或朋友的情感支持，找個朋友傾訴你的悲傷，可以減輕一點負擔。舉行對你有意義的儀式來表達你對逝者的哀思，也是大家長期採用的一種方式。或許你想要朗誦跟失喪、死亡或生命盡頭有關的詩歌，或是吟唱悲傷的歌曲，來讓自己處於哀悼的情緒中一陣子。閱讀關於死亡和臨終的文章，可以加深你的感受。跟同樣感到失落的人聚會，把你的感受說出來，也有同樣的效果。藉由書寫把感受記錄下來，特別是悲傷的感受。試著準確描述你的感受，盡可能深切地經歷自己的感受。回想你們有過的對話、共同的經歷，以及當時的感受。

為逝去的摯愛哀悼時，你可能會發現，事實上你也在為自己哀悼；哀悼逝去的青春、哀悼失去的某個身分、哀悼冷卻的熱情、哀悼不復有的精神、不會回來的人事物，也哀悼那未能實現的未來。你可能會發現，你也在哀悼那些考驗信念的背叛，哀悼你忍受的惡意和你施加的惡意、你承受的傷害和你加諸的傷害，哀悼你非常渴望、但是從未得到的東西，哀悼你未能實現的願望，以及沒有說出口和沒有回應的愛。你還可能發現，你也在為許多後悔的事感到難過：那些你做錯或者可以做得更好的事；那些你似乎做對了、但最後卻錯了的事；還有那些再也不可能重做的事。你可能在哀悼那些導致你和其他人疏離的誤解；那些留下傷口的失望；那些未能滿足而無處落腳的欲望；那些你未曾唱過的歌、沒有聽過的音樂和詩；沒有機會發揮的潛力。你可能認為自己無法停止為這些事情感到悲痛，直到有一天，你終於跟它們達成和解了，那些讓你的心緒不寧的重擔才算是放下了。

# 接受過去，接受現在

## 議題：慢性病或是身體機能的衰退

完全接受機能衰退或是慢性病是什麼意思呢？這意味著承認現實狀況——不否認、不抵抗、不拒絕你的狀態。如果患了慢性病，就在認知和情感上對自己和他人承認情況確實如此。承認之後，接受它，並且把它當成自己的一部分。當你完全接受自己生病的事實時，你跟這個疾病就是一體的，不再是分開的。接受它，也就屈服於這個無法避免的**事實**了。

完全接受罹患慢性疾病的事實，牽涉幾個步驟。一開始，你忍受這個疾病。你感到不耐煩或不高興、覺得煩躁，迫切想要抵抗它。接著，你開始調整自己，試著去適應這起你認為無法逃避的折磨、天外飛來的災禍。你可以部分接受它了。又過一陣子，你告訴自己事實就是這樣，認命地接受它的存在，因為你知道已經沒辦法改變它，只能不甘願地屈服於它的存在。最後，你放棄抗拒或拒絕它。當你不再為這個疾病困擾，可以跟它和平共處，它便成了你日常生活中熟悉的一部分。你會自然而然地適應它，與它磨合並找到順應它的辦法。一旦你接受了慢性疾病這個事實，它便不再令你感到痛苦，你也不再對它懷有敵意。承認事情就是如此，也許就能讓你對自己感到滿意。

接受並不是忍耐、容忍、認命或心不甘情不願地屈服。真實的接受是不帶抗拒、怒氣、絕望或無動於衷，也不是要你把事情視為你想要或希望發生的，而是一旦事情發生了，你會把它當成**發生在你身上**的事看待，視它為你的一部分。總的來說，就是接受所有面向的你，不管你喜不喜歡、認不認同，都得找個地方安頓。接受是在態度和情感上認為「你擁有的一切已經足夠」、「你所在的地方就是你應該在的地方」、「你所做的就是你應該做的事」、「你就是你應該成為的你」、「你所想、所感受的都是你可以去想、去感受的」、「發生在你身上的任何事都是你能夠承擔與適應的」。

大衛這麼接受他的性功能衰退：

我回憶。我幻想。我渴望。但是到了人生某個時刻，你只能接受這個無法挽回、不可避免的事實。愈早接受，焦慮就愈少。它確實是個深切的遺憾，但是我的生命不會因此就毀了。

# 原諒：強大的「沒關係」

## 議題：遭受他人拒絕帶來的痛苦；你給他人帶來的傷害

原諒那些拒絕你或貶低你，給你帶來許多情緒傷痛的人並不容易。同樣地，原諒自己曾經給他人帶來的傷害，或是請求他人的原諒也不容易。不過這很值得一試。你可以試著給那些拒絕你的人多一點同理心和同情心，多理解他們的動機。你可以問自己是不是誤解他們拒絕你的原因。至少你可以這麼想：他們想不出其他辦法、不是有意的，或是別無選擇。幫他們想個理由，幫助你原諒他們，讓自己不那麼生氣。或許你會發現，過一段時間，你的憤怒減輕或消失不見了，連想要報復的心情也平復了。或是，你發現自己不需要尋找解釋、理由或藉口，才能原諒他們。你覺得，過了這麼久，為了自己好，也需要跟他們達成和解，你是真心想要原諒他們。也許時間已經減輕了拒絕或傷害帶來的痛苦，現在你可以看到對方正向的一面，因為這樣，你原諒了他們。又或者，你單單覺得懷恨在心的擔子太沉重，打算放下。

同樣地，你可能也準備好，要原諒自己對別人造成的傷害和痛苦。你可能有這麼做的各種理由、解釋和辯解。也許，你選擇原諒沒有什麼特別的理由，又或是你現在覺得自己當初沒有做錯，你不是有意要傷害對方，也可能當初那麼做已經是你最好的選擇了。你可能會為自己做的「壞事」深感遺憾、愧疚，發誓不再重蹈覆轍。你可能會同情自己，決定不再懲罰自己。你告訴自己：「我不知道自己當時在做什麼」、「我當時不懂」、「我當時身不由己」、「我那時候太不成熟了」、「我已經是個不一樣的人了，不會那麼做了」、「我成長了，不會再有這種行為了」、「如果可以再來一次，我不會那樣做」。你可能會為自己傷害人的行為感到內疚和羞愧，誓言要為此贖罪，像是用多做「好事」來彌補。

如果沒有為自己做錯的事情真誠悔改，那麼請求別人的原諒就是虛假的了。請求他人的原諒，代表你可以對自己和他人承認自己犯了錯，願意付出代價來彌補它。你可能會因為傷害他人而感到難過，或許你覺得自己沒有資格要求他人原諒，即便你當時那麼做是有原因的。你可能在回顧這件事後，發現自己真的為對方帶來很大的傷害，決定尋求原諒。因為這樣的回顧，你可能從不同的角度思考當時的狀況，所以想要尋求原諒，也希望得到原諒。

透過原諒自己和尋求原諒，你會發現我們每個人都有缺陷，沒有人是完美的。我們都是人，都有黑暗的一面，都有弱點和短處（除了極少數的例外）。

大約十年前，我的一位好友搬到另一個城市。在那之前，我們已經認識了八年。雖然住在不同的城市，我們還是保持著密切的聯絡，透過信件和互相拜訪來分享生活。十年後，她又搬到我所在的城市。我非常開心，期待我們可以更親近，她說她也這麼期待，結果卻讓我大失所望。我非常不解，試著瞭解我們的關係沒辦法繼續發展的原因。在這麼想的時候，我發現她的態度、風格、價值觀和生活取向改變了許多。有一次我找到機會，告訴她我不樂見這樣的改變，還告訴她我對她仍保有熱情和好感，但不像十年前那麼喜歡她了。她難過地哭了起來。我向她道歉，可是沒多說什麼。我知道我傷害了她的感情。幾個月後，我向她道歉，請求她原諒我。我告訴她我沒有權利質疑她的價值觀、野心和生活方式，也沒有覺得她「不好」，只是不一樣了。我不該攻擊她的自我價值，希望她可以原諒我。幾個月後，經過一些抗拒，即使她沒有明白說出口，我覺得她真的原諒我了。

## 忘掉它

**議題：來自他人的輕視、傷害、貶低、冷落和侮辱**

偶爾，我們會因為他人的輕視我們或攻擊我們的自尊而被激怒。有時候，忘卻這些有意或無意的情緒傷害，可以減少它們帶來的痛苦。

你可以藉由下面的方法做到這一點……

……要有忘掉的意願，將這些事拒於門外，或者讓過去的過去。

……找出過去造成你的痛苦、為你帶來折磨，但不再具有同樣意義或影響的事件作為借鏡。

……將這些事拋諸腦後。當你再度察覺這些痛苦的事件或議題時，將焦點重新導向令人愉快的記憶或幻想。

……讓關於這些事件的記憶淡去。避免複述、回憶或重現它們，好讓那些鮮明的畫面變得模糊，不再清晰。

……「別去惹睡著的狗。」不要再提那些讓你難過、導致你自尊心受傷的事。每當你想起、情緒開始激動，試著轉移注意力，不要讓大腦中的畫面繼續轉動。找一件需要全神貫注、令你興致盎然的事情來消耗精力。

……忘記內心深處的侮辱。這是個有難度且需要技巧的練習。記憶有它的自主性，刻意去忘記，有時只會讓事情更加鮮明。但是你可以找一個誘使你忘記或幫助你忽略這件事的方法。也別忘了，時間本身就是一種強大的遺忘機制。

## 學會放下

**議題：老年歧視——因為年紀被排除在工作機會或組織之外，以及隨之而來的排擠造成的不悅、憤怒和侮辱**

除了試著遺忘，還可以怎麼放下令你難過的傷害呢？要怎麼把問題從「你」當中抽出來，不再占據你的情緒空間，進而達成和解呢？沒有錯，有些事要談放下還算容易，有些事則不是那麼容易。直覺的技巧在於能不能將兩者區分開來。

「放下」的方法有很多。你可以試著把它看作生命中的一段小插曲，藉此降低它的重要性，視之為無關緊要的事，不再在意它。或者，你可以試著專注在更重要的事物來忘卻它。你可以告訴自己，如果他們這麼對待你，那這個職務就不值得做了，所以別在意，被人排擠也不是那麼難過的事。你可能會意識到，自己嫉妒已經進入組織的人。這時候，試著告訴自己這樣的感受不值得，或是期待這樣的嫉妒終究會消退。

與其忍氣吞聲，不妨試著讓自己完全沉浸在其中，鼓勵自己深刻地感受它。藉由這樣的宣泄，你可以將這些感受從心中「過濾」出去，淨化自己，讓自己不再憤怒。

你可以透過其他人或其他團體的接納、支持與包容，間接與這個議題達成和解。你也可以試著想像你得到那個位置了，卻發現它不是你想要的，你真正想要追求的另有其物。現在，你可以去追求你真正想要的東西了，所以要感謝自己被排擠了，因為這樣，你才有更瞭解自己的機會。

刻意而有自覺地將這個傷害挪開——淡然處之、推開它或擺脫它，你不需要否認它的存在，但可以試著將它從思緒或感受中心移開。我不是要你選擇性地忽視它或防禦性地否認它。相反地，你需要承認問題確實存在，但不要讓它過分占據你的心思，或是阻礙你在職涯中追求進步。

## 跟自己聊聊（真的沒關係）

### 議題：破裂或對立的關係

跟自己聊一聊，可能會讓你對這段破裂或對立的關係有不同的看法。回顧你記憶中那些導致關係破裂的事件和情節，藉著在大腦裡複述這些事件和你的感受，來重現當時的情景。你說了什麼，做了什麼？對方又說了什麼，做了什麼？你以什麼樣的情緒牽涉在裡頭？這跟你的過去有關聯嗎？你的行為是否重複而有一定的模式呢？分析過去的相似經驗會有幫助嗎？接著，你可以試著想像你希望事情當初是怎麼進展的，並用不同的角度來看它。你可以見到自己當初的感受，以及這場破裂的關係，你應該負多少責任。這可能會讓你在情感上有所轉變、讓你決定修復關係，或是在心裡達成和解。

試著站在對方的立場，從他們的角度來看事情，可能會讓你有更深入的見解，也更客觀地看待你感受的痛苦。你可以從對方的觀點來瞭解事情的狀況，進而減少你對這件事的負面感受。從另一個人的角度看事情，可以讓你的想法產生重大的改變。

我帶領的一位小組成員給了我這樣的例子。他說他小時候對繼母總是帶著敵意。他怨恨繼母，因為她偏袒自己生的孩子而無視他的存在，以敵對的方式待他。因為這樣，他怨恨繼母好多年。在他成年後的某個時間點，他回想起當時的情景，發現自己可以理解繼母這麼做的原因了。他知道她的行為就像是母熊保護小熊一樣。他能接受也可以體會了，於是放下對繼母的怨恨。他覺得自己如果站在繼母的位置，也會做相同的事。後來，他跟繼母成了好朋友，還很得意地告訴我，繼母跟他比跟自己的孩子還親。

藉由反思和反省一段破裂的關係是如何發生和結束，將焦點從你受的傷害移開，探索關於自己、他人，還有彼此的關係，你學到了什麼？如果能夠有所收穫，會讓你對這件事產生比較正面的感受，也更容易與它達成和解。

## 找個人聊一聊

### 議題：你犯下的愚蠢錯誤、朋友的背叛

找個富有同情心、可以不帶偏見聽人說話的人聊一聊，或許可以幫助你跟自己犯的錯達成和解，還可以幫助你走出遭人背叛的陰影。你可以向他們坦承，你覺得自己犯的錯有多可怕、你有多懊悔。你可以為這件事懺悔，表達你因為自己的行為所受的折磨。透過這樣的懺悔，你內心的痛苦或許能獲得足夠的慰藉，讓你在這個議題上達成和解。

你可以向陪伴你的傾聽者表達你對背叛者的苦澀和憤怒。重點在於找到最適合你的情緒表達方式，來釋放深層的負面感受。發洩過後，或許便能將背叛以及它在你內心激起的強烈感受放下。

## 關係的修復

### 議題：與破裂或中斷的關係達成和解

在懊惱與懺悔之後，或許你會想要修復因為你而造成的關係破裂。這時你需要找到對方，表達你希望恢復或修補關係的意願。除了悔恨和遺憾，你可能還會有其他促使你想要修復關係的情緒，像是悲傷、羞愧和內疚等。你可能想要為自己的錯誤行為，向對方道歉或是表達懊悔，希望對方知道你對自己造成的痛苦和傷害感到抱歉。除了真心想要和解之外，還必須找到對方可以接受並認同的修補方式。跟對方聯絡之後，如果發現對方也跟你一樣有意願達成和解，可以試著建立一個開放式的框架，讓彼此有表達歉意和懊悔的機會，讓雙方都說說自己該對於這段關係的斷絕負哪些責任。你可能會想說服對方理解你當時的行為和感受。經過溝通，瞭解對方的觀點並分析造成誤解的地方，你可以想一想怎麼解決雙方的分歧，突破憤怒和傷痛，發展出走向和解的方法。

## 堅持下去，不要放棄

### 議題：輕慢、拒絕接受你的孫子

要跟這樣的孫子達成和解，最好的方法就是堅持忍耐，不要放棄他。不要讓這種情形使你灰心。你可以對這個孫子表現持續的關心，或低調地從旁協助。你對這個關係的持續守護與堅持，最終可能會帶來翻轉。你目前可以做的，就是讓對方明白這樣的拒絕不是雙向的，你會堅持下去，永遠不會放棄。

## 參加小組

### 議題：失去親近的人

你的住家附近，或許有為失去親人或朋友的人提供支持的團體。參加這樣的小組，或許可以幫助你和你的失喪達成和解。透過分享彼此的觀點和傷痛、情感的表達、經驗與困難的交流、成員的反思和小組的支持，或許可以引出你試圖自行處理這個議題時，沒有想到的解決辦法。

## 回顧與追憶

### 議題：令你反省人生的狀況或事件

回顧個人歷史，可提供重溫過去人事物的機會。你可以在記憶中重現能量十足的過去，讓當時的情景重現眼前，甚至可以在追憶過去的痛苦時，添加一些美好的元素，好讓你的生命更容易接受、更具吸引力，也更喜樂。你可以自由地聯想，運用想像力來推想事情還可以如何發展，享受你在腦海裡做的潤飾和點綴。你可以發揮創意，用寫詩、寫故事或某種獨特的創作來呈現你的記憶。思索這些記憶時，可以想想它們要教你的事，沿著記憶中有過的念頭、行為、感受，重新走一趟人生路，來到你現在所在的位置。你可以拿你的記憶跟當下的經歷相比較，更客觀地看待當前的狀況。你可以把這些回憶當成歷史跟孫子輩分享，或許他們會對你的過去很感興趣。

你可以追憶那些美好而令人愉快的事，回想過去的時光，以及跟你共享歡樂的人。記住，這是你的經歷，已經成為你的一部分了。

因為發生意外、必須臥床休養，大衛回憶起自己的過去：

很多時候，我都是活在過去的——回想並重溫各種經歷。或許是因為我打算寫一本自傳，這些回憶經常在我的腦海浮現。我擁有的記憶非常豐富，特別是早年的記憶。我的童年無憂無慮；我有一個很棒的母親。我和父親處得不是那麼好，但他經常一出門就是一年。我對我的妻子、結婚的那些年，還有我們一起旅行的記憶特別深刻：我們什麼時候出門、搭什麼船、去了哪裡，還有什麼時候回來都記得清清楚楚。

自從發生意外後，我花了很多時間回憶那些年的事，因為它們是如此美好，可讓我暫時忘卻當下的痛苦（在意外發生前，他是個講求活在當下的人。但是現在，在雙腿受傷、幾乎動彈不得的情況下，他做了很多回憶。他跟我講起他的朋友、教書的美好時光，還有生命中各種精彩的事蹟。接著又打斷自己，說他寧願不去追憶過去，只求平平凡凡地過每一天。我請他告訴我更多他在臥床休養時所想的事）。

我回想我的第一任太太（三年前過世），還有我們在一起那五十五年幸福的婚姻生活。我想到我又戀愛了（和一個他先前就認識、但最近才變得親近的女性）。我想著二次世界大戰期間身穿軍裝的我，有多麼驕傲。成為一名軍人是件令人得意的事，意味著我是個真正的男人。我記得行軍穿過一座義大利城市時，我感受到滿滿的男子氣概，心裡想著：「誰敢惹我，試試看！」這種軍事力量帶來的男子氣概和高高在上的感覺，讓我非常震驚。我為它感到羞恥，我厭惡這種感覺。我沒有對任何人說起這件事。太粗暴、太納粹了。這和我的個性相差太多，我之前從來沒有這種感覺。我一直自認是個溫文儒雅的人。這跟我溫和的個性完全背道而馳。

## 回顧你的生命

我們可以將回憶擴展，對人生做更廣泛的檢視，進而接受它過去的樣子，也接受它現在的樣子，並試著找出它的意義和重點。說不定，我們會因此更瞭解我們是誰，經歷過什麼。藉此，我們可以找到仍有待面對跟和解的議題，還可以運用我們累積的智慧、發展出來的人性與連結的靈性，來提升自己和他人的生活品質。這麼做，或許能對自己有個更完整的概念，更能欣賞自己的存在有多麼獨特。也藉由回顧生命得到的理解，發展出內在的平靜，以及將問題放下的能力。

否認、逃避、假裝沒有這回事，不願意為自己的行為責任，把責任全推到對方身上，是想要跟議題達成和解時最失敗的方法。你甚至會否認這些作法對你的情緒有著負面的影響，但事實就是如此。這些防衛機制或許可以為你帶來暫時的解脫，但就在你以為問題得到解決時，它們便會再度困擾你。

如果你的議題根深柢固且冥頑不化，而上述的方法完全使不上力時，你可以選擇：(1)盡可能與這些議題共處，不去消化它們或設法解決；(2)尋求專業治療師的協助，他們可以提供你各種治療方法；(3)試著開發你自己的方法，來跟這些棘手的議題達成和解。

強調跟議題達成和解的重要性之後，我要再提醒一個重點：如果你的議題仍殘留未能解決的面向，不妨就讓它維持現狀，也許懸而未決是有意義的。例如，未能和一位朋友的死去達成和解，會痛切地提醒我們生命的脆弱，以及好好把握當下的重要。

你和你的議題達成和解的方式，會影響到你是什麼樣的人，以及你如何過日子，連帶著對你是否能好好老去也會有影響。而你怎麼樣過日子以及你的老化情況，又取決於你是什麼樣的人。因此，跟重要議題達成和解、尋找最好的老化方式，都能幫助你成為最好的自己。

# 8 好好地老去

縱然這整本書都在講好好老去，但是本章的焦點會直接放在如何提升晚年的生活品質和幸福感。這本書讀到這裡，你應該明白老化不是一個需要解決的問題，而是要好好度過的人生階段。想要絢麗綻放，就必須隨著時間不斷改變。有些人可以滿足於將「好好老去」當成晚年的唯一目標，有些人則視它為實現更多潛能的先決條件。好好老去跟成為一個更好的人是相輔相成的：在老化過程中感覺良好，並且**對**老化感覺良好，可以讓一個人成為良善的人，做良善之事。反過來，成為一個更好的人也是好好老去的一部分。我們的任務是在老化的種種困難和機遇中，找出符合個人需求、興趣和能力的最佳生活方式。

然而，事情總有進行得很順利，跟進行得不那麼順利的時候。我的目標是以你的健康為考量，幫助你更好地老去，讓你的生活大放異彩。

除了本身擁有充實美好的生活，好好老去還包括為別人的福祉付出。是否能夠好好老去也取決於你如何看待自己和老化之間的關係。這一章，我會提出幾個讓你的生活更滿意、更有意義的建議。

首先，我們來看幾個目前正好好老去的人士，接著再有系統地討論如何過一個美好的晚年。

## 七十五歲的史丹利

儘管患有嚴重的心臟問題（現在多少受到控制），史丹利仍像部發電機一樣。他目前的身體狀況非常好，一次可以跨三階樓梯。不管對事、對人，對人際關係、知識性議題和政治議題，他都有強烈的好奇心和興趣。他是位傑出的攝影師，還是了不起的園丁。他會拉大提琴、會做木工，也知道怎麼處理電氣問題。他的主要工作是心理分析師，致力於患者的治療與諮詢、從事教學並督導學生，並為該領域的從業人員提供建議。他目前利用閒暇撰寫一本他認為對心理分析理論有貢獻的著作。此外，過去幾年他還為貧窮、無法得到適當醫療照顧的患者，建立一系列的醫療診所。他為這些診所招攬人員、籌募資金，並親自監督以確保它們可以持續有效地運作。他也很關心家人和朋友，跟孫輩有密切的聯繫。

他的社區工作受到了肯定，還因為設立這些診所而獲獎，但他是個不愛炫耀的人。他在專業領域的評價很高，對於自己的成就卻一直很謙虛。他非常慷慨大方，樂於分享他的想法和知識，也提供有需要的人財務上的協助。

史丹利一直是位熱中探險的人。遇到新奇的狀況時，他會投入強烈的好奇心，從各個角度鑽研探究。

## 八十六歲的凱瑟琳

凱瑟琳是位寡婦，也是一個大家族的女家長。這個家族包括她的兩個孩子和兩個弟弟，以及孫子、曾孫、姪子、姪女、姪孫和孫姪女。她透過信件、電話和探訪，頻繁地與家人保持聯繫，也從這些互動中獲得很大的滿足。她的幾個姪女很關心她，經常探望她。多年來，她一直是這個家族的中心，對於需要幫助的成員，她是資金和禮物的來源。藉著維持彼此的交流，她讓一家人凝聚在一起。

凱瑟琳經營生意和房地產許多年，也很關注股市。她後來成了股市投資專家，每天花很多的時間在分析股價波動、檢視她的投資組合、研究各種股票諮詢的報導，同時決定她的股票買賣。

她一輩子都住在同一個城市，擁有很多朋友。大家平時會一起玩牌、看戲劇表演、聽音樂會、聽演講、旅行、慶祝生日和週年紀念日等。多年來，她一直有這些朋友的支持和陪伴，但她其實是個非常獨立的人。她獨自生活，盡量不倚賴他人。儘管患有慢性病，因為心臟病裝了心律調節器，她依舊是個堅強有趣、樂於付出關懷的人。她曾經歷很深的痛苦，但是她不怨天尤人，而是以獨立、勇敢和堅韌來面對挑戰。她也懂得享受生活，她認為自己的過去非常充實；對於未來，她則以平靜的心坦然面對。

## 九十歲的麥克

麥克是個活力充沛、靈活敏捷，隨時隨地都英姿煥發的人。他的頭腦機靈、求知欲旺盛，喜歡探討政治和知識性議題。哲學是他最喜歡的主題之一，他也非常喜歡接受智力上的挑戰。他看很多書，特別是歷史方面的書籍，但是這些都不是他現在最主要的追求目標。他的主要興趣是畫畫，尤其是水彩畫。這是他七十多歲才發展的興趣。他一個人獨居，而畫畫跟上畫畫課成了他每天保持活力的活動。他不喜歡依賴他人，喜歡用自己的方法，按照固定的作息，每天進行採買、煮飯、打掃家裡。

對於有能力照顧自己這件事，他感到相當自豪，雖說有時候還是得依賴兩個女兒。他的耐力和體力在同年齡層絕對屬於上乘；例如他不需要睡午覺。他對自己的時間安排很滿意，即使平常跟人的互動並不多。不久前，他才輕微中風，但是很快就復元了，這代表他的身體還很有韌性。沒多久，他又回歸獨立的生活，對此他感到無比驕傲。

## 九十七歲的格雷琴

格雷琴是一位身體虛弱、眼睛有問題、得靠助步器行走的老婦人。過去五十年來，她一直獨居。儘管動作緩慢、身體受限且行動不便，她卻散發著一種內在的平靜。她說起話來速度緩慢，思緒卻很清楚。對於他人的言論都能理解到位，回應也很得體。她每天的例行工作包括起床、洗漱、然後緩慢地換衣服，這些事會花上數個小時。有一位鄰居會來跟她一道用早餐，但大部分時間她都是獨處。她聽音樂，然後坐在窗邊觀看外面發生的事。她的運動是到家裡的各個房間走動。

她有一些保持聯絡的人，其中包括她的兒子，但是來看她的人並不多，只有幾個鄰居。大部分的事她都可以自理，吃東西則是靠外送或是請鄰居幫忙採買。由於視力不佳，不方便出門，除非有鄰居開車載她，否則她不出門。

即使與他人的接觸有限，葛雷琴不想跟他人同住，也不覺得寂寞，晚上上床睡覺，不會擔心自己就這麼一覺不醒。她給人一種安然自若、相對自給自足的印象。她接受自己的現況，從不自憐自艾。

## 七十六歲的查爾斯和凱莉

查爾斯和凱莉結婚已經將近五十個年頭，自退休之後，兩個人就過著充實愉快的生活。他們主要的互動對象是兩個兒子跟孫兒。雖然不住在同一個城市，他們還是經常過去拜訪。

他們喜歡旅遊，利用住在老年旅館的機會認識新的地方、新的朋友。他們有許多共同的興趣，有些是原來就有的，有些是後來才發展出來。他們也有各自的興趣。查爾斯喜歡學習語言，精通好幾種語言，凱莉則熱愛賞鳥。

他們在自家附近有許多朋友，大家都在同一個地方住了四十年以上。也有些朋友住在遠方，但還維持友誼關係。他們喜歡追求知識，非常關注政治及社會動態，也持續對時事和朋友的近況保持關心。他們熱中與人交往認識，嘗試新的活動，還喜歡尋求新鮮刺激的冒險。

## 八十八歲的蘇

蘇是一位個子小、說起話來滔滔不絕的老太太。已經獨自生活五十年的她，人際關係和興趣都太豐富了，完全沒有足夠的時間完成她想做的所有事情。她有四個孩子和九個孫子女，她經常打電話給他們；她有一位很要好的朋友，兩人經常保持聯絡；還有許多較少見面的朋友和熟人。她雖愛聊天，但不需要別人把注意力一直放在她身上。

她上教堂，也參加讀書會等團體活動。她對公共事務很感興趣，每天早上都忠實收聽國家公共廣播電台的節目，世界和平、節約能約和反核活動是她特別關注的議題。她提供貧困兒童財務上的協助，並透過信件與他們往來。

儘管她有驚人的精力和熱情，但是因為雙腿無力，沒辦法走太多路，每天有十二個小時必須臥床休息。不過她會開車或請人接送她去參加每週舉行的各項聚會。她很重視人際關係，只是不想有人同住或闖入她的私人空間。先生過世後這五十年，她的財務管理做得很好，可以自給自足。她非常珍視自己的獨立性，所以她的醫生建議她不要再開車時，她氣得把醫生換了！然後繼續開她的車。

她表示自己不是特別會內省的人，但別具好奇心，喜歡不斷學習。她對自己的生活很滿意，很少覺得鬱悶，因為沒有什麼事讓她不開心。她在與人相處或參加各種活動時，都展現了她的樂觀開朗。她說話理性且具有說服力，即使喜歡與人長談，但其實是個內斂的人。很多朋友之所以來看她，並非她想要得到別人的關注，而是她太有魅力了，大家都喜歡她，想要跟她在一起。

## 八十九歲的喬安

喬安是個令人注目、有吸引力的人。她住在一個大型老人社區的公寓，想要盡可能掌控自己的環境和生活是她的特點之一。同住的人都很欣賞她，珍視與她的友誼，爭相取得她的關注。她有許多吸引人的特質和各種魅力。在社交場合中，大家會圍繞著她，熱情地跟她打招呼，把她當成明星看待。即使她可以照顧自己，大家都巴不得能幫她一把，只是都被她回絕了。她待人溫和，卻又像一股力量存在著。她還是個正直的人，看重自己的責任，信守承諾。有時候，她像個皇后，堅決按照自己的意思行事，卻不會令人反感。她也受到自己孩子的關注，他們經常跟她保持聯絡。

縱使身高不到一百五十公分，體重不到四十五公斤，喬安擁有源源不絕的能量。這可能是她堅持運動的結果。她自己每天運動兩個小時之外，也教人做運動：如何呼吸、走路、保養身體、伸展和彎曲，還有眼球的運動。除此之外，她還帶了一班阿茲海默症患者運動，她相信運動可以改善他們的狀況。這或許是沒有根據的樂觀想法，但也是她對自己能力的信任。不管是走路、說話或是各種活動場合，她都充分展現她的能量。

她曾經跟多位精神導師學習，其中有東方，也有來自西方。目前，她跟著在社區服務的猶太拉比學習。她虔誠地參與敬拜、冥想，並以正面的角度看待自己的事務。她的偉大志業是追求各種靈性和生理運動帶來的價值，特別是呼吸運動。她自認有療癒能力，宣稱有好幾個人接受過她的療癒。

她喜歡的人很多，遇到不喜歡的人就避開，從不與人衝突。

❖

雖然我認識的這些人，在年紀、身體狀況、教育程度、工作及人際關係上有很大的差異，我們可以從中大概看出一些好好老去的訣竅。藉由跟這些人交談，我發現好好老去包含幾個重要元素。這些元素並非絕對必要，但是一個人擁有的元素愈多，就愈能夠好好老去。

想要好好老去，我們需要一定程度的身心健康，而且要有足夠的認知能力做清晰的思考。我們必須擁有想要獨立的強烈想法，並堅持獨立的決心。我們需要跟一位或多位的朋友或家人維持正面、溫暖和關愛的互動，也需要感受到自己與他人彼此重視，並主動關懷他人。從事對自身和他人的福祉有益的事，是與人保持聯繫很有意義的方式。讓我們熱愛並積極投入的工作也是如此。求知欲、好奇心和願意學習的態度是關鍵。因為具有好奇心，我們可以在既有的知識和技能基礎上持續精進，或是往新的領域擴展我們的興趣。擁有短期和長期目標，可以讓我們保持振奮、找到踏出舒適圈的動力。其他能夠好好老去的特質，還包括熱情、持續保持高動力、從事需要體力的活動，以及內在的安定和平靜。

以下是讓我們好好老去的一些建議，其中包括採取行動的動力、可以承擔的任務、願意接受的態度、擁有追求的目標、發展該有的人格特質，以及需要去爭取的主觀狀態。任何一項或任何組合，都有助於好好老去。

## 成長、適應與發展

想要過得開心，就必須當自己是處在一個不斷改造的過程。

——美國作家亞薇斯．卡爾森（Avis Carlson），引用社會心理學家賀伯特．凱爾曼（Herbert Kelmme）博士的《完整的時間》（*In the Fullness of Time*）

將自己視為一個仍在持續發展的人，並隨時隨地把握成長的機會。在這個不斷改變的過程中，看著自己偶爾變得有點不一樣。給自己一點幻想空間。如果你可以把自己當成一件尚未完成的作品，就代表你還處於變得更好的過程中。

讓好奇心喚醒你，引導你去探索新的可能性。在世界變糟的同時，你必須變得更好。設法應付它，讓它變得更好。

我們當中有許多人受到無法表達的溫柔所苦。如果你也是，找個方法直接向你在意的人表達你的關心。

實現你尚未實現的願望。想想看你期待過什麼樣的生活，並開始那樣過日子。找到那個遺失、未曾展現或被發現，但想要冒出頭的你，重新賦予他能量。**試問自己，我想要成為誰或成為什麼樣的人？**怎麼做，可以讓我持續擁有生產力、創造力，而且對他人有益呢？努力成為你想要成為且有潛力成為的人。

把自己當成一名學生，經常處於學習的狀態當中。如果你可以把所有狀況都視為學習的機會，就永遠不會感到無聊。就像一輩子的學生，你會不斷更新自己的觀念，喚醒學習的動力。

拓展你的視野；擴大思維與感受的境界；開闊想像力，將它加深、延伸；發展自己的願景，想想可以做些什麼事。釋出同理心，有什麼人是你可以試著去關心理解的？不要讓害羞、謙虛或短視，阻礙你去完成高尚的任務、成為有雅量的人，或冒險追求極致的體驗。

更新、改造自己，再次恢復活力。藉由吸取知識，賦予自己力量並改善生活品質。

## 美就是真理

我們的周遭處處有美好的事物，等著我們去欣賞、享受、體驗並深刻感受。掌握這些時刻，能幫我們建立開放、有趣且富有美感的生活。

以下是我觀賞某個平凡景觀的過程：

## 樹

我望向窗外，看見一棵樹。它後面有一棵高度跟它差不多的夥伴，對街還有兩棵比房子要高的樹聳立著。我環顧四周，又找到兩棵樹，一棵在右邊，一棵在左邊。這不是森林，而是一條只有幾棵樹點綴的郊區街道。我把焦點擺在我正前方的那棵樹，仔細觀看它的枝幹。有些是直直往上長的，有些是橫著長，數量多到沒辦法計數。現在是春天，樹頂上的枝葉茂密，開滿了花。至少看起來是這樣，因爲它們一簇簇地在頂端交錯。小樹枝從大樹枝上分出來，上頭長了葉子。微風徐徐，吹得樹葉在風中輕輕搖曳。

我再次觀看四周，綠意盎然的景象讓我看得入神。我開始思考新生命的萌發。跟明亮、生氣蓬勃的葉子相比，這棵樹的樹幹看起來陰暗蒼老，不過竟能長出這麼多葉子！這是多麼神奇有趣，讓人琢磨不透。這棵樹微微向右傾，但沒有要倒下的跡象。我猜想它應該還會在這裡佇立好些年，肯定要比我活得長久。

我看著觀察樹的自己，告訴自己我不確定那是橡樹，還是其他的樹。它看起來是如此巨大，我不用站在它旁邊，就可以感到自己的渺小。我開始後悔沒有多花點時間來欣賞這些樹和大自然。我應該更常這麼做。

詩人阿奇博爾德・麥克利什（Archibald MacLeish）對自然景象也有類似的反應：

**隨年紀而來的智慧**

二十歲的我垂著頭四處遊蕩，
認為世界是個悲慘的地方，
真理是騙人的，信仰是給人懷疑的，
美好的東西不多，優雅的事物更少。
現在六十歲的我發現，
雖然世界再糟糕不過，
卻讓我心狂喜。
放眼所見皆是美景！

就像這樣喚醒你在任何領域的創意衝動。不管是烹飪、園藝或是畫風景畫，試著創造新的事物或新的組合。無論做什麼，都保持為世界帶來新事物的衝動，便可以在過程中活化自己。

廣播節目製作人暨作家康妮・高曼（Connie Goldman）這麼說道：

創意是個神祕的東西，它是每個人都擁有的，不是那些厲害的人、有天分的人或年輕人專屬的。歲月可以帶來更豐富的自我意識，而來到晚年往往更具創意。創意是人文精神的表現——值得研究、培養與珍惜。[1]

## 保持開放與彈性

敞開你的心扉。以富含同理心、同情心和關愛的方式，包容他人並接受他們的情緒狀態。保持開放的胸懷：接納新的想法和經驗，追求那些你期待擁有，卻躊躇不敢嘗試的經驗。

理解晚年的老化具有不確定性，有其麻煩和無法預知之處（老年會有結束的時候，但不知道是什麼時候，也不知道以什以麼方式結束）。所以面對這些不確定性，最好的方式就是放輕鬆。

覺得適當而不致唐突時，就放任你的赤子之心馳騁。人生苦短，不用總是一本正經當大人。

## 尊重自己，尊重他人

期待他人給你應有的尊重。跟那些重視你的獨特性，可以提高你的自尊的人交往。正面看待自己，肯定自己的存在及生活形態的價值與意義。

對自己好一點，仁慈一點。接納自己的缺點，原諒自己的過錯。不要因為不能超越自己而懲罰自己，但合理地期待自己可以隨著時間愈來愈好。

不管在什麼年紀，感受你的驕傲和影響力。必要且適當的時候，維護你的影響力，

1 Connie Goldman, "Late Bloomers: Growing Older or Still Growing?," *Generations: Journal of the American Society on Aging*, no. 2 (Spring 1991), 41-44.

也幫助他人這麼做。

不要為了讓自己回到年輕的狀態而過度苛求自己。欣賞現階段的自己和力所能及之事。在不忽視自己的缺陷和限制的情況下，敬重自己。

## 持續參與活動，關心生命

持續參與跟你有關的事務，並專注於發生在自己身上的所有事情。

延續生活中的樂趣，盡可能參與其中。帶著熱情投入你正在經歷的事物。當你覺得「沒事做」，找找看有沒有你可以參與的活動，同時對新的參與機會保持警覺和興奮。

人類學家芭芭拉．邁爾霍夫（Barbara Meyerhoff）在她的著作《數算我們的日子》（*Number Our Days*），這麼描述一位她的研究對象：

他是個不斷在尋找的人，總是在發生的事物當中尋找生命意義。他是我們變老的榜樣。我們不一定要覺得孤單，也毋須自艾自憐……我們可以向他學習怎麼活著，以及怎麼死去。他沉穩但有活力，直到生命最後一刻，都還在參與生命。[2]

九十二歲的藝術史學家柏納德・貝倫森（Bernard Berenson）這麼說：

> 活到這個歲數，身體早就到處是毛病了，這絕對不是一件令人愉快的事。那為什麼還緊抓著不放呢？一部分是基於動物的本能，一部分是對明天和將來感到好奇，還有一部分是我還沒打算放棄，仍渴望達成目標，即便只是作為鼓舞人心的存在也好……
>
> 我還想學習，還想懂更多的事物，還想寫作。我該如何擺脫這些渴望呢？只有生理上無能為力了，才能讓我從它們的奴役中解脫，但那又算什麼自由？那是死亡的等候室。我還想要享受陽光、大自然和漫天烏雲，還有那落日、花草、樹木和動物，包括那體態優美的人類。我還想閱讀、與人交談！

2 Barbara Meyerhoff, *Number Our Days* (New York: Simon & Schuster, 1980), 75.

## 生命的喜悅

盡可能讓自己開心，甚至狂喜。每天找一件令你開懷大笑的事，讓笑聲遍滿全身。可以的時候，調皮一下，尋個開心。別太嚴肅拘謹，也別太認真，別讓自己成了一個古板的人。

## 喜歡探索的人擁有更多樂趣

老人家都應該當探險家，
去到哪裡都無所謂。
我們應該安靜地持續前進，
進到另一個情感強度，
追求更進一步的和諧與更深的交流。
——T・S・艾略特，〈東科克〉(East Coker)，《四個四重奏》(*Four Quartets*)

我們之所以無法探索新的視野，往往是因為我們害怕跨越限制，不敢打破預期或傳統中的界限——擔心這麼做會令人難過、為之發狂或是帶來破壞。然而，這很可能就是創造力、狂喜和激情之所在。所以不要害怕處於過渡時期，對不熟悉或改變中的狀態，採取更包容的態度。

當一名探險家：容許自己被偉大的熱情、高尚的舉動或爆發性的創意超越和感動。進到內心去探索那陌生的角落、不熟悉的想法與念頭、奇特的想像和嶄新的情感領域。拾起新的任務，並樂於接受新的挑戰。

尋求能帶給你安全感的情境，但目的不是要停留在那裡。而是在嘗試具風險跟不確定性的情況時，知道自己在做什麼，也知道如何撤退到安全的處所。

追求冒險，沒有年齡限制。我們不會因為年紀太大，就不能去解鎖耐人尋味的奧祕和謎題。

## 面對逆境

如果有人試圖貶低你、攻擊你或是跟你玩權力遊戲，置之不理。學會處理這些惱人之事，不要因此徒增壓力或焦慮。讓它們自動消失，或是主動擺脫它們。

外表要保持堅強，做該做的事、處理不愉快或困難的狀況，內心則要溫柔，適時給予呵護。

生病是晚年無法避免的逆境，學習處理，不要讓疾病成為你的生活重心。把它擺在一旁，繼續過你的日子。只有在需要治療的時候，才把焦點放在疾病上，以免惡化。試著用正面的態度看待復元，並對付生病帶來的抑鬱情緒。培養你的「鬥志」——充滿勇氣與決心地相信自己可以戰勝病魔，同時告訴自己要忍耐，用盡藥物和冥想等各種辦法來逆轉疾病的發展。不屈不撓地追求健康，以頑強的意志跟疾病纏鬥，不輕易放棄希望。真心相信並期待病情會改善或康復，也就是除了醫療上能做的事，還要全心全意地在想望、信念、精神和行為上，使盡全力來對抗疾病。另外，你還必須積聚內在的力量來順應老化帶來的改變。

將你的逆境轉化成一種學習經驗，並利用從中復元的能力來培養韌性。以多年應付逆境的經驗來發展有效的應對技巧。匯集你的態度、精神力量和知識，找到處理逆境的最佳辦法。

約翰．內哈特（John Neihardt）在他的著作《恩賜的地球》（*The Giving Earth*）中，講述一位北美蘇族（Sioux）長者回憶年輕時追尋異象的經歷。這位老人說：「在我聆聽的時候，有一股直到我老去都沒有離開過的力量貫穿我。當我覺得似乎來到盡頭時，我聽到老鷹叫著——**抓緊，抓緊；還有更多……**」[3]

❖

一九九三年十一月八日，《紐約時報》刊登一篇關於八十四歲長跑健將瑪維斯．林德格蘭（Mavis Lindgren）在全國各地參加馬拉松的報導。她七十歲才開始跑步。有一次跑馬拉松時，她跌倒傷了手腕，但還是讓另一名跑者攙扶她跑完全程。

---

3 John G. Neihardt, *The Giving Earth* (Lincoln University of Nebraska Press, 1991), 273.

## 勇敢一點

找到內在的勇氣，維持它、擴展它，並隨時準備好用它來應付「命運無情的弓與箭」。不只在面對逆境時要勇敢，在面對晚年的各種狀況時也要勇敢。

在〈勇氣〉（Courage）這首詩中，安妮·塞克斯頓（Anne Sexton）這麼寫道：

面對年老和它必然的結局時，
你的勇氣會在各種細瑣的事物展現，
每個春天都是一把你需要磨利的劍，
那些你愛的人將活在狂熱的愛中，
你必須跟日曆討價還價，
並且在最後一刻，
死亡的後門打開時，
你會穿上你的毛毯鞋，

大步邁出。

前美國總統夫人愛蓮娜・羅斯福（Eleanor Roosevelt）這麼評價自己：「我想我算是個宿命論者。我認為你必須接受所有發生的事，而唯一要做的，就是竭盡所能，勇敢地面對它。」[4]

## 讓你的生命有意義

寫了六十多本書，曾獲紐伯瑞獎的童書作家、教育家及思想家伊莉莎白・葛雷・維寧（Elizabeth Gray Vining），強調生命是必須珍惜的，她視之為一種神聖的信託：「我認為，說生命可怕、沒有意義，是幼稚而無禮的舉措。生命是一種信託，它被小心翼翼地交付到我們手上，我們得好好使用它、享受它，時間到了就要交回去。」[5]

---

4 David Michaelis, *Eleanor* (New York: Simon & Schuster, 2020), 526.

5 Elizabeth Gray Vining, *Being Seventy: The Measure of a Year* (New York: Viking Press, 1979), 168.

如果你已經找到生命的意義，擁抱並強化它們。還沒有的話，趕緊尋找！讓你做的事變得有意義，藉此維持你的生命意義。進行這些事情的過程，可以跟結果一樣有意義。

在更廣義的範圍尋找意義，什麼是存在的意義，以及最終的意義？也在更小的範圍尋找意義——在日常生活的細節處尋找意義。

## 與人保持聯繫

和不同年紀的人建立關係，包括年紀比你大跟比你小的人。也跟你的社區，以及更廣大的世界建立連結。特別要跟那些欣賞你、尊重你的人保持聯繫。

結識年紀比你大且值得欣賞的人，他們好好老去的過程可以成為你的榜樣。作為回饋，期許自己也能成為別人的楷模，並跟樂於接受的人分享你的經驗。

在不挑撥親子關係的前提下，學習幫助你的孫輩發揮潛力——更理想的則是在他們父母的熱烈支持下這麼做。

盡量跟多一些人建立溫暖和善的關係，感受自己對他們的責任。但必要時，須保護好自己的私人空間，避免他人侵入。

找出有效的方法，解決人際關係的困境。表達你的沮喪、失望和憤怒，但是不要對自己或他人造成傷害。

和他人維繫關係，需要付出努力，但是很值得。

## 投入一項計畫或事業

想要取得顯著的成功，努力不懈不可或缺。那些擁有非凡成就的人，幾乎沒有例外，都熱切投入某項任務。他們每天做的事可能有上千件，但在那當中，有一件對他們而言是至高無上的。

——休斯頓．史密士〈Huston Smith〉，《人的宗教》（*The World's Religions*）

為一項志業奮鬥，是多麼激勵人心、鼓舞生命的事——一個可以在早晨將你喚醒，讓你一整天充滿活力的理由。找到你想熱中追求的事物，全心全意地投入。

❖

一個薩爾瓦多人長期與工會合作，致力改善窮人的生活並推動國家的民主化運動。薩爾瓦多軍隊因此盯上他，想要暗殺他。他們拿槍指著他的頭——只是想要嚇嚇他，最後沒有開槍。他被釋放後，表示在知道自己要被處決時，有好多念頭閃過腦海，最教他難過沮喪的，是想到他的妻子和年幼的孩子將失去丈夫跟父親。對於自己，他反而感覺很平靜。他知道死後會有人接替他的工作，繼續為他犧牲性命也要完成的理想而努力，因此，他可以平靜地迎接死亡的到來。這項偉大的事業讓他的生命變得有價值，也讓他以勇敢的姿態迎接死亡。他把這項事業看得比自己還重要。這是一項值得他信任、努力，必要時犧牲生命的志業。被警察釋放後，他仍繼續為這項志業努力。

帶著好奇、不畏挑戰地投入一項你認為有意義的事，有建設性地使用你的精力。這件事可以跟你原本從事的工作有關，也可以完全不同。在這些可以擴展視野並砥礪你前進的事務，努力不懈。做你喜愛做的事，積極開心地投入這些活動。比起達成目標，從事這項工作的過程，有時還更令人覺得有趣且滿足，也更能激起你的熱情和動力。

不管這些工作項目是大是小，都可以成為你存在的理由。它們可以是你的思想焦點，能激發你的想像力，讓你集中精力、發展新的想法和見解，並且協助你找到看待事物的新視角。如果這件事對你很重要，你也願意深度投入，你可以把它當成組織生活的基準點。參與這些大大小小的計畫，就等於參與**生活**。缺少這樣的目標，可能會讓我們覺得迷茫、飄忽不定，甚至覺得自己沒有用。有了這些參與，我們的生命便可以再度充滿活力。

尋找並發展一個可以激勵你，讓你有伴、有事情可以投入的環境。追求一件崇高的事業或目標，大於自身格局，不跟自己有直接利益，而是能為他人謀福祉。我們知道許多名人都是「年老有為」的表率，包括弗洛依德、畢卡索、貝倫森、米開朗基羅、達文西、榮格、歐姬芙（Georgia Totto O'Keeff）、摩西奶奶（Grandma Moses，美國畫家）、美籍波蘭裔鋼琴家魯賓斯坦（Arthur Rubenstein）、俄裔美國鋼琴家弗拉基米爾・霍洛維茲（Vladimir Horowitz）、現代教育創始人約翰・杜威（John Dewey）、數學家暨哲學家羅素（Bertrand Russell）、神學家暨醫師史懷哲（Albert Schweitzer）、宗教哲學家馬丁・

布伯（Martin Buber）和愛因斯坦等。這只是其中的一部分而已。他們的老化之所以順利，有一大部分原因，要歸功於他們熱中投入藝術、音樂、哲學及參與的事業，並且相信自己追求的是一個更崇高的目標。

年近九十歲時，羅素在英國領導了一場消除核武的運動。九十歲時，他在古巴飛彈危機期間，擔起政府間的調解工作。直到九十歲去世前，史懷哲都還在非洲加彭（Gabon）的醫院照顧病人。他們的字典裡沒有「太老」這個詞。

## 行使你的自由

退休後，我們有了可隨意支配的自由，這時要做的是確立**目標**——把我們的自由用在什麼地方，以及追求這些目標的**方法**，然後制定計畫並付諸行動。重點在於，利用自由來表達內在的自我——長久以來受壓抑的自我、一直不敢顯露的自我。

## 保護並促進你的身心健康

事情太多、時間太少的快節奏生活給你帶來壓力時，學著把腳步放慢。日子過於平淡、沒事做時，就把生活步調加快。

照顧自己的身體時，考慮要周到，但是不要過於執著。首先，確保身體獲得適當的食物、休息、運動和乾淨的空氣，也要避免對情緒有害或是會造成破壞的情況。如果某個特定狀況或是特定的人，會讓你感到焦慮、覺得自己沒有價值，試著換個環境並和這些人保持距離。

讓身、心、靈持續活動。能活動，表示你的活力和生命力量還在。休息應該只是用來充電，是暫時的歇腳而已。

跟上生理、情緒、心智和精神改變的腳步，掌握自己的狀態，知道你在哪些方面遊刃有餘，你的限制和束縛又在哪裡，什麼是你可以追求的，什麼又是你應該拒絕的。優雅地放下對你來說已經不可能的事，像是跑馬拉松，或是熬夜一整晚後，還期待隔天早上能精神奕奕。

在內在與外在環境找到一個讓你怡然自得，跟自己、跟世界都能和平共處的角落，經常到訪，待在那裡的時間愈久愈好。

## 保持樂觀

不要因為過度專注於自己的問題和遺憾而不知所措。盡可能活在當下。

不要放棄任何人，特別是你自己。有生命的地方，就有希望。

保持積極樂觀。但這不是說你應該忽略或否認負面的事物，而是在評估自己的處境後，盡可能以積極的態度面對。

學習處理降臨在你身上的破壞性元素。與其把令你痛苦、煩惱或焦慮的事物深藏在心裡，不如把它拉到肩膀的高度，然後抖抖肩膀，把它甩掉。

對你的生命說「yes」，保持一種肯定的態度。抵制絕望。培養對生命的熱愛，持續關心發生在你身上和他人身上的事。要記得，不管發生什麼事，生命都是重要的，你也是重要的。避免或減少負面的態度，例如：憤世嫉俗、吹毛求疵、批判、抱怨和指責。

對所有生命保持敬畏，尊重大自然。

不要抗拒面對未來。為未來做合乎實際的規畫，帶著熱情和期待迎接它，把它視為你現在的一部分。

回顧你的生命。回想它的顛峰時刻，以及最歡樂、最美好的時光。把你的一生當成一趟旅程，並在邁向終點之際感受到它的圓滿。

有選擇性地使用你的時間。

## 保持崇高的倫理道德立場

我是個說實話的人，不是信口胡言，而是有多少說多少；隨著年紀愈來愈大，我敢說的也多了一些。

——法國思想家蒙田（Michel de Montaigne），《蒙田隨筆》（*Essais*）第三卷

追求誠實。對自己、也對他人誠實。以誠信行事，不要算計或操弄他人，也不要為

了自己的利益走捷徑、欺騙人或扭曲事實。真實開放地表達內在的自我，讓真正的你顯露出來——而不是那個想要得到認同的你。

信守對自己和他人的承諾。許下承諾前，先切合實際地評估這個承諾是不是你能力可及，並且能夠遵守。

按照你的原則生活。誠實和言行合一這些古老的美德，仍歷久彌新。不要在價值觀上妥協，必要時堅決地捍衛。過你認可的道德生活，讓他人以你為榜樣。

## 做個感性、熱情的人

那些有老年歧視的人，總是期待看到我們像乾癟的水果乾，沒有活力、沒有性欲。令人欣慰的是，我們可以證明他們錯了。羅斯福總統任內的內政部長哈羅德・艾克斯（Harold Ickes），在八十多歲時再度成為父親。

大部分的人在晚年還是有性欲和性經驗。找到對你行得通、可以取悅你的方式。重點不在你的「表現」，而是溫柔的情欲表達。

讓我們跟威廉・巴特・葉慈（William Butler Yeats）一起唱和：

你認為這性欲和憤怒實在可怕，
竟在我年老時對我殷勤獻媚；
在我年輕時，它們還不這樣折磨人；
現在還有什麼能激勵我歌唱呢？

## 接受事實

接受你生命中不可逆轉的事實。這裡的「接受」，是像亞薇斯・卡爾森所說的：「是的，我老了，這件事現在正在發生，而且會持續發生。我很感恩有機會經歷它和它帶來的新契機。」[6]

---

6 Avis Carlson, *In the Fullness of Time* (Chicago: Contemporary Books, Inc., 1977), 132-133.

在失去對你重要的東西時，例如一間老房子，學習放棄它。這樣，你就可以在這種情形一再發生時，為它們哀悼，然後接受事實。

在該放下的時候放下，在可以追求前方的獎賞時，積極追求。怨嘆你的老化，只會讓你更加衰弱；接受才是緩解之道。

## 接受自己的死亡

我尚未完全釐清最終一切都會逝去的想法和感覺，就像湯瑪斯・曼（Thomas Mann）所說的：「唯一可以信奉的，是把死亡視為生命不可或缺的一部分，以理性和感性看待它，明白它在生命中的神聖不可侵犯。」[7]

但是到了晚年，這個深埋在我心裡的問題，要求我出來面對它了。我最大的挑戰是將死亡視為生命自然發展的結果——決定對自己的將死做何反應，然後帶著臣服的態度和內心的平靜安然死去。

藉著對我們想像中的死亡有一個令人滿意的理解，或許可以讓當下的生命得到更大的自由。跟無法避免的死亡達成和解，也許能讓我們更全心全意地活著，也更有力量去追求我們的目標。

我相信我們必須找到一種面對死亡的態度，才能夠好好老去。這種態度可能是因為相信有死後的世界，所以對死亡不在意，或是因為它的無法避免，所以選擇忽視，也可能是希望和死亡及面對死亡的恐懼達成和解。我們可以問自己幾個問題，然後藉由這樣的自我探索，來幫助我們在情感上接受以死亡作為人生的最後階段。

那一刻來臨時，你希望以什麼方式死去？有什麼你知道關於死亡和臨終的事，對你是有幫助的呢？你想要現在就思考這個問題，還是晚一點？你想要偶爾想想這件事，然後把它忘掉，還是更深入地思考？你想要完全避開這樣的思緒，或是別想太多就好？你打算為你的死亡做什麼準備嗎？你可以思考你的死亡，順應它，最後接受你的不復存在，並把它視為老化的一部分嗎？

有什麼方法可以讓你接受自己將死的現實，但又不過度困惱你，占據你太多心思

7 Thomas Mann, *The Magic Mountain*, trans. by John E. Woods (New York: Vintage, 1996), 237.

呢？確定這個結局終究無法改變，會不會讓你想要活得更充實，更珍視生命呢？

透過回答這些問題，或許我們可以找到一種客觀的態度，跟自己的終將死去達成和解。如果回答這些問題的過程讓你非常痛苦，請你先停下來，就讓它們停留在你的意識表面底下。

# 9 成為最好的自己

你的年齡是由你的思想決定的，那是一種心態。我們真正要關心的是我們在建康、行為及心理成長方面的潛力能否實現；我們被慷慨賦予了這些潛力，對它們的瞭解卻相當有限。

——英裔美國人類學家艾胥利．蒙塔古（Ashley Montagu），《青春永駐》（*Growing Young*）

這一章的目的是幫助你發現那個你應該成為的人，並找到適合的方法。你的某些特質深藏在內，沒有表現出來。這些都是等著被實現，準備成為你的一部分的潛力。

如果你已經很努力要成為最好的自己，你的任務可能還沒完成。如果你還沒有這麼做，我建議你把它當成最重要的目標。這意味著你要致力成為一個品德高尚的人（mensch），也意味著你在尋找內在的轉化，想要知道自己是誰，是什麼樣的人。得知這樣的訊息，或許可以讓你成為一個更真實、更完整的自己。

什麼品德高尚的人呢？在《意第緒語的快樂》（*The Joys of Yiddish*，譯註：意第緒語是部分猶太人使用的語言），利奧・羅斯滕（Leo Rosten）將品德高尚的人定義為「正直、值得尊敬、節操高潔的人。有影響力、值得欽佩和效法、品格高尚的人……成為品德高尚的人，關鍵在於人格：正直、高潔，知道什麼是對的、有責任感且行為端正。」[1]

下面描述的這位，是我認為稱得上品德高尚的人：

八十六歲的愛麗絲是個溫柔、堅強且富有同情心的人。她具有一種讓人覺得自己特別受到關注的特質。我們在一起時，她總是全神貫注，我感覺自己擁有她全部的注意力，值得有人聽我說話，也值得獲得她的支持，是個有價值且寶貴的人。她讓我覺得自己是受尊重、獨一無二的，我的所有特質都讓她覺得特別有趣。在聽我說話時，我覺得她打從心裡理解我的感受，能跟我說的話產生共鳴。

愛麗絲給人的印象是認真、有內涵且正直。她是位心理治療師。遭遇困難的朋友或患者的另一半，因為心情不好想要跟她談談時，她總是隨時做好傾聽的準備。他們向她談及自己的遭遇時，她總是以不變的智慧和溫柔回應他們。

她不是那種熱情洋溢的人，而是帶著一種低調的溫暖，不會讓人感到壓力。你會覺得受到支持，但不會覺得在她面前自己是赤裸裸的，或者變得依賴她。她展現出來的從容自如和掌控力是會傳染的，有她在的時候，你的焦慮會減少，覺得自己更完整、更有自信。

身為德國納粹黨統治下的難民，愛麗絲深識人類的邪惡潛力。這讓她迫切想要在他人身上尋找良善並鼓勵良善。活了這麼久，她直接、間接地見識到，也體驗到人類境況的高山與低谷，所以特別能夠同理他人。身為心理治療師，她知道怎麼減輕他人的痛苦。她非常瞭解人類生活的悲劇層面，並以勇氣和尊嚴接受它們。當它們衝著她而來，

---

1 Leo Rosten, *The New Joys of Yiddish* (New York: Crown Publishers, 2001).

她仍持續做她的事；直到生命最後一刻，她還在幫助他人。

我建議你試著成為品德高尚的人，不是說你應該達到某種理想的意識狀態，也不是要你成為聖人，而是期許你可以從自己的每一項成就，還有為了成為更好的自己所邁出的每一步獲得滿足。我可以確定，你向前走的每一步都能提升生活品質，你的生活滿意度和自尊也會隨之提高。

成為一個品德高尚的人，並展現人性正向的一面，通常是在日常生活中自然而然發生的。它可能會以你無法理解的方式突然出現，而不是在你「試著當一個品德高尚的人」，有意識或刻意追求這個目標的時候。想要找出它的發生模式，必須反省日常生活中的細節，從中學習，將之視為拓展自己的廣度與深度的機會。任何情況、事件或人際關係，都可以用來培養你的性格：一段感人的音樂；目睹孩子出生的那一刻；一位親人的離世；與親密的人共享的顛峰體驗；某個讓你害怕的經歷；在街上與乞討的人接觸；得知某個貧窮家庭受的苦難；女兒嫁人；當爺爺奶奶；聽說某個人（或許你也參與其中）的英勇事蹟或高尚的行為；戰勝了威脅生命的疾病；贏得你一直渴望的獎項；失去一段重要的人際關係；聽了一場很有啟發的演講或是看了一場戲劇；讀了某位大師的精彩著作；遇見一位行事作風感動你的人；某個民族團結合作爭取到了自由、公義和更好的生活。你可以觀察這些特別的事件和日常生活中的經歷，是如何影響你的情緒和思想行為，進一步瞭解全新的視野在什麼狀況會被打開。你也可以反思這些事件，在擴大你的「自我」意識、增進共情能力、鍛鍊直覺、加深你對人性的認識，以及獲取對人類境況的見解時，是如何展現了重要性。

然而有些時候，你的行為可能並不像個品德高尚的人。這種時候，檢視自己也可以有所啟發。你對他人冷漠、缺乏同情心，只關心自己的利益嗎？你只把他人當成可利用的工具嗎？你的行為是否刻薄、不體貼人呢？你是否拋棄或遺忘了重要的承諾和責任？你完全誠實、可信賴嗎？

想要扭轉這種與品德高尚不符的行為，必須先釐清這些反向行為出現的動機和理由。

同樣地，你也可以找出正向的行為，試著強化。幫助你找到並反思這些良善行為為一個很好的方法，是問自己對的問題。

**什麼時候、什麼場合下，你會……**

……同情並深刻地理解他人？

……覺得自己的行為高尚、自尊，完整而正直？

……抱持某個肯定生命的觀點或行動？

……關心並考量集體利益和公共福利而付諸行動？

……與他人維持深厚的關懷關係？

……在日常生活中或某個特殊情況表現出你對生命的敬畏？

……在做困難的決定時，特別有智慧？

就像上一章討論到的，好好老去沒有單一的關鍵元素，成為一個好人也是如此，但有幾個方法，可以把它變得容易一點。

## 培養智慧

懂得如何變老是智慧的傑作，也是偉大的生活藝術中最困難的篇章。

——瑞士道德哲學家及詩人亨利．弗雷德里克．艾米爾（Henri Frédéric Amiel），《艾米爾日記》（*Amiel's Journal: The Journal Intime of Henri-Frédéric Amiel*）

智慧是可以獲得並贈予所愛之人及世界最好的禮物。我們直覺知道智慧是什麼，也知道哪些人是擁有智慧，但是給它下個定義，會對接下來的討論有所幫助。

心理分析師海倫．盧克（Helen Luke）這麼描述智慧：

莊稼收成了，來到生命秋天的你不再靠你的槳，帶著你在內在和外在的海洋穿梭，而是運用具有判斷能力的智慧，每時每刻將生命中的麥和糠分開來，如此，你才能明白在宇宙模式中，麥和糠都有它們的意義和價值。[2]

❖

智慧的組成之一是行動前的深思熟慮。這是一種看待事情時盡量不扭曲，並盡可能客觀的方法。是對人類經驗的理解，特別是如何讓生命有意義。你的智慧展現在你的**思考中**——你的判斷準確度、評估事情的明確度，以及你闡述與權衡事情的明智度。你在你的感受(同情心、同理心和直覺)顯露你的智慧，藉著將知識和道德帶入行動，在「正確的行為」中呈現你的智慧。智慧引導你以維護、滋養並增添自己與他人的福祉來行事。擁有智慧，可以讓你建立互相關懷、尊重，並維護自己與他人自尊的關係。智慧也體現在你說話的方式、內容，以及公開表達意見的場合。你還可以經由是否給予意見和指引、如何給予，以及提供的建議內容來展現你的智慧。

最終，智慧是深度理解的體現。這層理解自然帶出相應的行動，包括：符合道德和正義的行為；有益他人的發展；建立充滿關懷的團體；對生命的敬畏；反映我們跟彼此、跟地球的互相依存；保護地球上的各種生命形態。

我相信我們當中有許多人比自己以為的懂得更多、知道得更多，也擁有更多智慧。

因此，我希望接下來的討論，可以幫助你解鎖你本有的智慧。

智慧常被視為老年人的主要成就。一般認為，多年來的省思經驗可以讓我們對人的境況，以及它的弱點和優點有更深的理解，因此更懂得改善人的境況。智慧可以讓我們發展成更完全、更正向的人，有能力實踐標準更高的道德行為。

有智慧的人會將他們所知的真理教導他人，也會找到傳播智慧的方法，好讓其他人受益。他們以智慧對待自己，特別是自己的老化，並與他人分享他們的智慧，這樣建立起來的集體智慧要比任何個人智慧都更偉大。

我們傾向認為，智慧是不易獲得的東西，但事實上，我們都有發展智慧並用來改善生活的潛力。值得慶幸的是，我們可以利用一些方法來培養並加深智慧。

你可以聆聽有智慧的人說話，從中學習。這樣的人不難找到。內省，特別是針對那些深刻影響你的痛苦或危機的自我審查。與他人討論人生的重大事件，試著從中得到教訓。反思生命中的轉折和改變，它們教會了你什麼？探究智者的生命——特別是他們反

2 Helen Luke, *Old Age: Journey Into Simplicity* (Great Barrington, MA: Lindisfarne Books, 2010), 18.

思自己生命得到的心得。用盡你的想像力、直覺、邏輯、感受能力和幻想，來推論在某個特定情況下，什麼樣的決定是有智慧的，以及總的來說，智慧是什麼。

參與對你有重大或改革性意義的情況或事件後，問問自己：

- 它對你、對他人有什麼影響？你的感受如何？**為什麼**會有這樣的感受？
- 這起事件對你的意義是什麼？為什麼它是有意義的，如何有意義呢？
- 這件事教會你關於某個人的性格或角色，或是人類境況的哪些事呢？
- 你或他人顯示什麼樣的同情心或理解呢？它們是如何存在或不存在？對你有什麼影響？
- 哪些力量，包括社會、心理、經濟、私人、精神上或其他的力量，成就了這樣的經驗？這些力量如何互相合作或拉扯？
- 你觸摸得到他人的人性嗎？摸得到的話，是什麼樣子呢？如果摸不到，你是不是忽略或錯過了什麼？
- 這是否有助於你跟其他人建立關係呢？這個關係的組成是什麼？是如何發生的？

- 這個經驗對你的成長，或是對自己、他人、人際關係、人性和社會的瞭解有任何幫助嗎？
- 你對發生的事件是持開放或封閉的態度呢？
- 是什麼讓你認同對方？相反地，是什麼讓你無法認同對方？
- 他人的觀點或取向是否為你帶來啟發，擴展你的想像力，打開新的視野，提供你新的見解或值得思考的想法？關於這些新的想法和感受，你有什麼要說的？
- 對於自己的互動，你有什麼發現？它的效果好還是不好，在什麼樣的條件下，效果最好呢？

智慧的顯現有各種形態和層面。下面幾項元素，組成關於你，以及日常生活各種情況和事件的智慧。

## 關於你自己的智慧

增加你對自己的內在動態和外在行為的認知，來認識你是誰。發展自己，使自己成為一個真實而完整的人。

學習面對你的黑暗面——那個具有破壞性、憤世嫉俗、殘忍、刻薄的你。認識這些面貌，可以學習**避免**破壞性的衝動，繼而控制並改變它們。如果可以更加意識到自己的雙重特質——有好的跟壞的一面，或許我們更能肯定自己與他人的生命。

意識到你的自身利益和個人利益，最終都是跟共同利益互相依存的。與人交往或引導他人時，在精神、時間、情感和理解上展現你的慷慨。

區分什麼是你需要的、想要的、喜歡的，什麼是你願意忍受的、什麼是你無法容忍的，什麼對你而言絕對不容接受。這麼一來，在決定你想過的生活方式時，就可以做出更具鑑別度的選擇。

## 態度和世界觀中的智慧

從歷史性和發展性的長遠角度看事情。有深度地看這些事——進入它們的核心。

在生命的過程中保持一種直覺性的信任，也就是意識並領會到求生的意志。在我們感到痛苦或軟弱時，特別需要喚醒這樣的求生意志。但是也要明白，縱使這樣的意志可以持續到生命最後一刻，它終究無法戰勝死亡。

擴展你的觀點和視野，把自己視為大自然的一部分，同時理解所有生命終將一死，而死亡是生命自然的延續，我們的生命也會繼續在代代相傳中獲得更新。因為這樣，我們都是人類存在鏈中的一環。

把當前的社會組織和機構視為人類演化的暫時安排。僅僅因為一種安排存在，不代表它就是最好或「正確」的。開拓你的視野，擴展你的想像力，想像我們可以有哪些新形態的社會、政治、經濟及心理的連結和組織，特別有機會發展成關懷的團體。

明白世上很少事情、也很少人只有單一一個面向，並不是什麼都是非黑即白——我們需要看到那些差異細微的灰色調。瞭解生命的歷程，除了存在於大局和最終的結果，也在細節和過程當中。在整體中看到片段，也在片段中看到整體，以及它們之間是如何互相成就。

生命中有許多的偶然、不在計畫內和無法控制的事，但也有許多可預知、可控制、可按計畫實現的事。接受並學習處理這樣的矛盾。如果我們能夠學會從時空背景看自己，就會發現這個時空背景也有它的時空背景。就這樣一層又一層地，沒有什麼事物是單獨存在。

## 深化你的正向人性

發揮你的最大潛力，靠的不只是你的智慧而已，還需要充分展現你的人性——試著提高它的品質、廣度和深度。我關注的是，人性的正向層面得到擴展的同時，也不要忘了身為人類的我們具有黑暗和破壞性的一面。

盡量擴展你的界限，不要對任何人性面向大驚小怪。透過這種方式，將你的同理心擴大到足以包含人類所有的情緒和經驗。誰知道，或許你會發現自己跟其他人沒有多大的不同。你可能會發現，你也可以跟自己不一樣的人有相似的感受和想法。這麼一來，你就更能認同他人，更敞開胸懷去理解任何形式的人類經驗。

把握每個可以擴展同理心的機會，培養一顆「善良的心」。這意味著你要對他人的福祉有所貢獻，要學會尊重他人、關心他人，並維護他們的尊嚴，反對任何打擊他們心靈的事物。

尋找並擁抱社會生活中的人性。從中發現我們的經濟、政治和其他社會組織，是如何影響實質的人性，接著思考這些組織對於維持與增進生命是否有所貢獻。

學習認可他人的價值與獨特性，肯定他們作為人類同胞的存在。與他們共處，給他們完整而全心的關注。探索自身的人性。或許你會跟美國心理學家哈里．斯塔克．沙利文（Harry Stack Sullivan）一樣，發現「我們單單是人，沒有什麼獨特」，因而勇敢地「單單做個人」。[3]

跳脫你在最親近的群體和經歷中的身分，視自己為全體人類的一員，發展出作為**全人類**一分子的身分。

❖

同樣身為人類的我們，有什麼共通之處呢？什麼樣的行為是人類特有的？我思考這個問題，得到下面幾個我們共享的特徵，也就是我們共有的人性。

3 Harry Stack Sullivan, *Conceptions of Modern Psychiatry* (New York: W.W. Norton & Company, 1954), 96.

**我們的共同起源和基本需求**。我們都是女性所生，初期需要有人餵養和照顧才能存活下來。

**我們的互相依存**。我們需要彼此才能持續存在。

**我們的孤獨感**。儘管我們之間有交流、有關係建立、有群體認同和融合，但我們仍然侷限在自己的經歷當中，無法在經驗的同時傳達出去，也無法在他人經歷他們的經驗時「吸收」它們。一旦離開母親的身體，不論我們跟他人建立了多少連結，我們都是單獨存在的。

**我們的限制**。我們都面對生理、心理和社會上的限制，必須透過某種方式，或許是逃避、屈服、拒絕、接受、適應，來跟這些限制達成和解。另一方面，我們也都有能力（至少是暫時性地），在某種程度上超越這些限制。

**我們的軟弱**。我們都必須面對意外、受傷、生病，還有所謂命運或機運的變遷。我們也都有能力應付這些脆弱的後果，儘管力量不是很大。

**我們的情緒**。我們都經歷並表現出相似的情緒，儘管它們的強度、廣度和質量不盡相同。

**使用語言**。我們是語言的使用者，除了在日常生活中說話和書寫時使用文字，我們也用語言思考，透過語言來形塑生命。

**我們的有限**。我們有相同的命運：死亡。不管用什麼方式，我們都得面對自己最終死亡、化為虛無的事實，以及伴隨而來的情緒。我們可能會以焦慮和恐懼回應，也可能是順從和接受；恐懼可能很明顯，也可能是隱晦的；我們可能意識到這個議題、想辦法解決，也可能選擇逃避、未能解決，但它始終是我們生命中的根本議題。

**我們對人類的共同責任**。這代表照顧好我們每個人賴以生存的地球。

最後，我們擁有確認另一人同為人類群體成員的共同能力，也就是承認並盡可能尊重他人的人性，就如同尊重自己的人性一樣。

在我們共享的人性當中，沒有人被排除在外。沒有人應該被踢出人類的大家庭。我們都有資格擁有身而為人該有的尊嚴。

而我自己的人性完整度，可藉由我承認另一個人（人類群體中的任何人）同為人類夥伴的程度來衡量。

美國人類學家芭芭拉．邁爾霍夫在她的著作《數算我們的日子》中，引用一位受訪者的話：

年老時，我們有機會發現人是什麼，怎麼樣才配稱為人。如果你可以從自己身上找到勇氣，知道你充滿了生命力，那麼你便活在一個不同的層次。要做到這樣，你必須運用大腦，但這還不夠。大腦和靈魂是相連的……我不認為你年輕時可以理解這一點。但是當你理解到這一點時，就不會覺得自己離開得太早，因為你已經做好了準備。[4]

❖

當然，發展人性的方式有上百萬種。我們可以和他人討論高度情緒化的事件，像是一個孩子的出生或死亡。我們可能跟某個人一樣，都在跟某種身體的疾病或衰弱纏鬥。藉由參與階段性的事件，像是婚禮和畢業典禮、在旅行中體驗不同的文化並從他們的觀點體驗世界、閱讀那些在逆境中展現人性的故事，或是和那些生命跟我們截然不同的人交流，都可以讓我們變得更有人性。

對共通人性有更強烈的認識之後，你會更尊重每一個人，也會對維護整個人類群體更有責任感。你的「我」會變成「我們」的一部分，你的自我會跟構成人類的所有自我交織在一起。

令人遺憾地，文化制度與個人的偏見和扭曲，經常讓我們無法共享人性。有意識或無意識的種族歧視，讓我們無視特定族群的族群性，不把他們當人看。恐同讓我們將不同性向的人排除在人類的大家庭之外，認為他們的存在是個錯誤，或是不具價值。國家主義，尤其是引發戰爭時，也讓許多人無視敵人的人性，在彼此廝殺當中一點也不感到內疚。這些都是人性被剝奪的例子。

## 建立精神上的連結

隨著年紀增長，大部分的人會想更深層地尋求存在的意義，為我們的誕生、死亡，以及我們與永恆之間的連結的奧祕，感到著迷和好奇。

4 Barbara Meyerhoff, *Number Our Days* (New York: Simon & Schuster, 1980), 198.

❖

下面是波莉・法蘭西斯（Polly Francis）在精神連結上的感受。

似乎有一組新的能力開始運作。我在一個更大的驚奇世界中覺醒——瞥見創造的廣闊無垠與豐富多樣。我這輩子從沒像現在這樣，意識到我們的星球和上方的天空有多美麗。現在，我有時間可以好好欣賞它們了。我覺得年老讓我的意識更加敏銳。[5]

有些人認為，一個發展完全的人必須過著有靈性的生活，擁有一種靈性的態度或信仰，或是跟他們視為靈性的層面連結。許多人渴望超越平凡現實的東西——超越世俗、務實和科學，強烈想要對一個比我們「更高深」的人或事表達我們的崇敬。我們想要投入真正需要關心的事物。我們可能會像英國歷史學家湯恩比（Arnold J. Toynbee）一樣，相信「身而為人就是要能夠超越自己」。[6] 我們可能會覺得，靈性上的信仰是我們的道德標準根基，或是靈性上的態度是我們的生命基礎，足以解釋我們為何存在。

愛因斯坦這麼表達他對靈性的看法：

> 知道我們不能理解的事物確實存在，並以最高的智慧、最璀璨的美麗向我們顯現，而我們遲鈍的感官只能以最簡單的形式理解它——這種認知和感受是真正宗教信仰的核心。在這樣的意義上，也唯有在這樣的意義上，我才屬於虔誠的信徒之列。[7]

❖

任何嘗試過的人都知道，要定義或確認靈性是什麼，非常困難，甚至是不可能的事。這是一種需要經過思考、然後對自己的感覺有所領悟的東西，即便（尤其是即便）這樣的感覺無法用言語表達。美國作家約翰・內哈特這麼寫道：

---

5 Polly Francis, "The Autumn of My Life," *Friends Journal*, Nov. 1, 1975, 556.

6 Arnold Toynbee, *Experiences* (New York: Oxford University Press, 1969).

7 Albert Einstein, *Living Philosophies* (New York: Simon & Schuster, 1931), 7.

擴大的意識，在靈性見解中得到提升是件好事。可能是一閃而過，世界瞬間被照亮了；也可能停留好幾天，你彷彿浮在所有的世俗煩惱之上，所有人的面孔都顯得親切而熟悉。這個狀態可能是不經意發生的，但往往是透過禁食禱告而來。[8]

七十三歲的瑪麗安告訴我，她靠著和上帝維持良好的關係，老化的過程很順利。上帝護佑她，讓她做好事，當好人。與上帝間的這段特殊關係，讓她以積極的態度生活，帶領她走過偶爾出現的低潮。她緊緊抓住與上帝的關係，並相信重生；這樣的個人信仰為她帶來一種支持的力量。

❖

許多人會透過冥想來與神靈聯繫。冥想能帶給他們內心的平靜和一種與地球更和諧的感受，讓他們覺得自己跟宇宙的能量合而為一。

各種信仰的信徒都希望藉著每天過聖潔的生活，帶著信實、恩慈和同情心與他人互動來行善。但是「善」的定義差異可以很大，不同的宗教群體有不同的說法。有些宗教團體特別強調罪惡感和羞愧，而且過於偏執。我們要找的是可以促進自己和他人的健康與智慧的信仰。

測試靈性的方法，就是看它能否在你的生活中發揮作用。不管你信奉的是什麼，重點都在於你每天如何實踐靈性的功課、如何讓日常活動變得聖潔、如何尊重當下正在發生的這一刻，並且在日常生活中找到神聖之處。有哪些地方、事物和人物對你而言是神聖的？你是否尊重他人，並且在他們身上看到可能爆發或實現的潛能？

對你而言，每天過聖潔的生活是什麼意思？你的靈性是否鼓勵你在感受、想法和行為上謹記你跟他人的共通人性，鼓勵你提升他們的生活品質？它能幫助你把自己視為與自然互相依存的一部分嗎？

如果可以把靈性跟具體的物質世界結合，或許真的能改造我們跟自己、跟他人、跟物質與社會環境共處的方式。

---

8 John Neihardt, *The Giving Earth: A John G. Neihardt Reader* (Lincoln, NE: University of Nebraska Press, 1991), 271.

## 對現在和對未來的貢獻

許多處於晚年的人都想要跟未來沾上邊、留點印記，在我們離開多年之後，以傳奇的形式繼續活著，將我們的潛力發揮到最大。對多數人而言，兒孫是他們留給未來最大的貢獻。有些人會希望以特定方式為將來付出或被紀念，期待自己影響未來的面貌和盛行的價值觀。有很多方法可以幫助我們達成這個目標。

例如，我們可以成為年輕人的榜樣和人生導師。演員彼德・烏斯蒂諾夫（Peter Ustinov）告訴我們：「年輕人需要老年人。他們需要不以年紀為恥、不覺得自己可悲的模仿對象。」[9]我們可以反映人道主義的原則、道德立場，以及支持公義的行動。我們可以提升對人類潛力的意識程度，幫助個人實現潛能。

你在生活中展現了多少智慧、人性與靈性，就有多少資格成為年輕人的榜樣，教導他們成為品格高尚的人。

強調競爭是我們默認的行為模式，但是這裡我們需要把合作當成互動的主要模式。我們需要把自己的富足與人分享，而不是霸占。我們需要將個人利益和共同利益視為相輔相成，而不是互相衝突。

透過智慧和靈性展現的行為，我們可以為晚年生活的新願景付出。我們可以證明自己的生命具有韌性。我們可以持續尋找意義、提升自己，並為社會貢獻一己之力。我們可以為晚年展現新的可能性——我們過去無法考慮，甚至不敢想像的可能性。我們要做的，只是喚醒並動員已經儲存在我們和他人身上，以及社會中的資源。

---

9 John Lahr, "Ustinov's Many Lives," *New York Times*, September 25, 1977, 266.

# 後記

父親在一九九五年過世，但是多年後，他在我生命中依舊是充滿活力的存在。編輯父親的文字更加深了這種感覺，也讓我更專注在與父親共度的這段特別時光。

一九八九年春天，我剛從亞洲結束為期十八個月的背包客旅遊，回到波士頓。這趟旅行，我去了偏遠的西藏西部／岡仁波齊峰地區，因為我有段時間沒辦法跟家人聯絡，所以關係有點緊張。父親甚至在書中的第四章，提到他對於我去西藏冒險感到害怕。

我的父親是專門研究心理健康的社會學教授。他退休後，布蘭迪斯大學頒給他榮譽教授的頭銜。身為敏銳的社會觀察者，老年人被邊緣化、自覺不如年輕人的現象非常困擾他。更讓他苦惱的是，這些老年人就這麼默默承受這些感受，在哀傷中安靜地度過餘生。他決心提供一條不同的路給他們，讓黃昏的落日成為他們生命中最耀眼的光芒。父親決定寫一本書。

在我放下破爛的背包、洗去西藏的灰塵和印度的碎石，回到我們位於西牛頓山丘那條安靜街道的家門前，父親已經做了這個決定。他深入構思他的想法、撰寫章節，並將初步想法推向更遠的層次。很湊巧，從我結束亞洲之旅到移居日本之間的四個月空檔，正好是父親文思泉湧的階段。父親剛好可以跟我一起討論他的想法。對我而言，那是一段很特別的時光，我不需要上班，也沒有來自東方的神祕呼喚要顧及。很顯然地，父親也很高興有一位比他年輕許多的人，跟他一起討論這本關於老化的書，提供他意見。幫助他人歌詠自己的年老，被父親當成自己的責任。這本書對他來說，也是他把課堂上和治療諮詢時的想法進行整合的好機會（除了教書，父親還在他共同創立的「溫室」治療中心提供低收費和不收費的治療）。這些想法包括：如何「保持人性」、如何投入生活、如何繼續學習、如何持續參與社區，以及如何和他人維繫關係等。

一九八八年到一九九二年間，父親將注意力集中在撰寫這本書，而且成果豐碩。可是手稿完成後，漸凍症似乎開始影響他了，花在這本書的精力也就減少了。

母親非常支持我重新整理這本手稿，同時也非常嚴格。我們花了很多時間討論要怎麼編輯，以及這麼做的理由。我當時住在日本，偶爾才會回波士頓，所以整個過程相當耗時。父親的影響力包羅萬象，以至於有時候各種想法會擠在一塊。他喜歡面面俱到，一一彙整這些想法，有時也變得很困難。編輯作業必不可少。

母親完全有資格協助我。她編輯並重寫了父親最早的兩本重要學術著作《精神病院》（*The Mental Hospital*, 1954）和《護理師和精神病患》（*The Nurse and the Mental Patient*, 1956），還和父親合著了《精神病療養的社會學分析法》（*Social Approaches to Mental Patient Care*, 1964）。

《精神病院》是父親的關鍵作品。這本書是和當時著名的心理醫師阿爾弗雷德・史丹頓（Alfred H. Stanton）合著，內容詳細說明了環境、醫護之間的關係，以及特定的利害，對一個療養機構的精神疾病患者有著深遠的影響。

這本書讓父親成了社會心理學和社會學領域的著名人物，布蘭迪斯大學因此提供他終身教職。當時的護理人員受到這本書的影響，推動了該領域的發展，並以更人道的方式看待患者。我一直以為父親會過好一段時間才出版第二本學術著作，但事實並非如此。兩年後，他發表了《護理師和精神病患》，這本書對精神病學領域帶來很大的衝擊，特別是對護理人員的角色描述，以及他們如何更適切地與病人互動。

母親除了在父親的學術著作扮演了重要角色，也發表許多自己的研究著作。她從一九六八年開始，在麻省理工學院的精神科診所工作。她自己撰寫，也和著名的心理學家莫頓・卡恩（Merton Kahne）共同發表了許多該領域的論文。所以，除了熟悉父親的想法之外，她在專業上也很有資格和經驗，在我編輯手稿時提供建議。

這個過程很漫長，但令人愉快。我確信一九八九年在書房裡跟我討論這本書的父親，會因為這個作品終於問世，感到十分開心。

——羅伯・史瓦茲，二〇二一年六月於麻州布魯克萊恩

# 附錄　充滿關懷的團體

只關注自己、追求自身的利益當然是不夠的。為了自身的福祉和生存，我們必須為共同和群體的利益做出貢獻。因為社會一旦瓦解，我們也會連帶受害，生存遭到威脅。成為最好的自己最重要的方法之一，就是將自己奉獻在創造、參與和維持一個充滿關懷的團體。

不管是什麼樣的社會，幾乎都能創造出關懷團體。它的核心特徵是彼此尊重和關心、珍視每個人的意見、擁有共同的關注和目標，以及願意為集體利益奉獻自己的成員。在充滿關懷的團體裡，大家會為了共同目標而努力，讓團體和個人都能從中獲益。

你可以跟家人、朋友、鄰居或在地社區一起建立關懷團體。也可以在全球的層級上，加入綠色和平、奧杜邦學會（Audubon Society）或非洲野生動物基金會等致力於環境保護的組織。你可以參與它們的工作，一起維護這個關懷團體，也可以試著推動它們的全球目標。

除了個人行動，我們還可以跟志同道合、一樣有決心為社會帶來改變的男女老少一起行動，共同創造一個關懷團體。如果你也跟我一樣，認為我們的社會雖然比很多其他社會的狀況來得好，道德狀態卻逐漸衰敗，或許你可以加入我們的行列，一起為社會的修復與轉化付出。周圍的破壞力量這麼多，我們有義務發揮建設性的力量，為經濟、社會和政治秩序的正義，也為保護地球而努力。我們可以運用集體智慧和行動，帶領國家走出它的系統性障礙、放蕩不羈、分裂的不平等、令人憤怒的不公義、日常的扭曲、對真相的抨擊、根深柢固的偏見，以及無視降臨我們頭上的多重地球危機，仍自大傲慢的態度。透過集體的改造行動，我們可以為這個關懷團體，以及人類的物種延續盡一份心力，感受自己是這個偉大鎖鏈中積極的一環。

創立並參與一個關懷團體的方式有很多種。如果你沒辦法參加現有的人道團體，可以試著為自己或你所關愛的人創立一個。同時，我們也可以努力擴展關懷與支持網絡，讓生命可以如我們所願，充滿愛、滋養與成長。

這個章節不是在調查不同的文化怎麼為處於晚年的人士建立關懷團體，而是提供大家幾個現有的例子，讓大家看看就目前或長遠來看，有著什麼樣的可能性。我希望這些可能性可以刺激你的想像力，啟發你在自己的生活中建立一個關懷團體。

## 創意退休中心

創意退休中心就是這樣的團體。顧名思義，它提供退休人士有意義的機會，應用他們的技巧和能力，讓長者擔任義工、參與公民活動、進一步接受教育，或是追求更廣泛的興趣。這個團體吸引大批有技能的老年人，讓他們有機會好好施展。值得注意的是，這樣的中心可以在任何規模相似的城市中成立。

以下摘錄自一九九一年七月十四日的《巡禮》（*Parade*）雜誌：

在北卡羅來納州的阿什維爾（Asheville），大家不用擔心退休後要做什麼。在這裡，年齡被視為一項資產。

我最近去到北卡的阿什維爾，拜訪了幾位該團體的領導人物。卡洛琳・羅森塔爾（Carolyn Rosenthal）在她主持的讀書小組聚會間，找到空檔與我會面。厄爾・希區考克（Earl Hitchcock）則在執行忙碌的志願者計畫中，硬擠出時間跟我碰面。我在鮑伯・埃特（Bob Etter）的物理化學實驗室見到他本人，還去了市中心的一所學校訪問梅爾・赫特蘭（Mel Hetland）和艾芙琳・史密斯（Evelyn Smith）。鮑伯和佩姬・汀克勒（Bob and Peggy Tinkler）比較空閒一點，他們剛結束一場艱辛的競選工作，正準備回歸大學生的正常作息。

他們不是阿什維爾的本地人，也沒有太多共同之處。他們原本的背景包括舞者、生意人、企業研發主管、教育工作者、保險人員和旅遊業者等。有的人原本住在中西部和東北部；還有一位大部分時間在西貢和阿根廷首都布宜諾斯艾利斯工作。他們都在六十五歲左右結束主要的職業生涯。在世界的其他地方，他們被稱為退休者。

但是在阿什維爾，他們被稱作領袖。

在美國，年紀在六十五歲以上的人約占百分之十三，相當於三千兩百萬人。雖然沒有確切的統計資料，但是專家相信這些人的健康情形多半良好。美國人的預期壽命因性別、種族和其他的人口統計因素而異，但是大多數的人可望活到八十多歲。三十年後，隨著嬰兒潮世代也屆齡退休，美國的老年人比例將再增加百分之五十。

這樣的統計數字讓北卡羅來納大學決定成立北卡羅來納創意退休中心。該中心的主任羅納德．曼海默（Ronald J. Manheimer）表示：「我們國家對老年人的關心一直著重在生病、脆弱和貧困的族群身上，卻忽略了其他年長者。」

阿什維爾的生活花費合理、氣候宜人，還有藍嶺山脈（Blue Ridge Mountains）壯麗的景色，因而成為很受老年人喜愛的居所：該城市六萬兩千名居民當中，有一萬六千人已經退休。其中參與創意退休中心活動者，每年約有一千五百人。退休人士可在該中心的非學分制老年大學進一步接受教育，也可以在跨世代老年學院，將自己的知識傳遞給年輕人。透過阿什維爾老年領袖計畫，他們可以到當地的學校、醫院和監獄工作。

在阿什維爾，「退休」老人會去農村地區主持研討會；幫助醫院、圖書館和管弦樂團管理財務、做行銷，並提供大學生就業諮詢。曼海默表示：「他們都是很有才華的人——有資源、聰明且能幹，是我們過去沒有發現的資源。」

參與該中心活動的老人住在自己家中，以通勤的方式上班、上課。有些人可能只是一個星期花兩個小時在老年大學寫詩、上物理課或軍備控制課。有些人則是幾乎每個平日都會到中心報到。六十七歲的鮑伯．汀克勒告訴我：「你不會在這裡看到失落或不知所措、找不到事情做的人。」

我見到七十二歲的厄爾．希區考克時，他的確不是找不到事做的人。他指著厚厚一疊文件，開心地告訴我：「我忙得不可開交。」幾年前，希區考克是紐澤西州的一名生意人，現在他負責安排阿什維爾地區公立學校八十位志願者的工作。他說：「退休後，我並沒有特別想做的事。我知道我想打網球，也這麼做了。但是我太太和我在團體裡一直很活躍，我們參與聯合勸募（United Way）、童軍、家庭諮詢服務等活動。我們希望保持活躍。」

希區考克參加為期七週的阿什維爾老年領袖訓練課程。過程中，政治界、教育界和慈善界的領袖，向參與者表達了社區的需求。他說：「我們談到藥物成癮、中輟生和一連串常見的都市問題，發現這當中所有的問題都跟教育有關。」

希區考克和其他班上的成員跟當地的校長合作，帶老年人走進校園，把他們跟需要家教、補救教學或只是需要大人陪他說說話的學生進行配對。有位志願者輔導一個在一年內經歷四個寄養家庭的女孩。她織了一件毛衣給這個女孩、教她讀書，還給了她一個可以靠著哭泣的肩膀。另一位志願者指導一個數學落後的小學生，最後這個孩子考試拿了八十五分。希區考克說道：「有些人認為老年人不會對學校感興趣，因為他們的孩子都不在學校了。但是我們接觸的人當中，完全沒有這種情形。」

對七十歲的梅爾．赫特蘭而言，這個中心提供他一個非常特別的方式來為社區服務，同時讓他繼續從事熱愛的工作。赫特蘭是該中心在藍道夫小學的志工團成員之一。這個小學位在阿什維爾一個落後地區。他每週會花一天去帶一年級和三年級的學生閱讀，並指導五年級科學實驗。他表示：「我過去擔任課程督導和教育學教授時，得到許多經驗，能將這些經驗用在幫助老師發展技能，對我而言是很大的回報。」

在北卡羅來納大學的阿什維爾分校，約翰．史蒂芬斯（John Stevens）教授和他的學生長期研究梅斯堡效應（Mossbauer effect）——一種科學家用來研究物質結構的核技術。史蒂芬斯的大部分職業生涯都投入這項研究，並將數百名大學生帶入這個領域。上一個夏天起，他開始讓中心的人加入，跟他的年輕學生配對，組成小組。「這是我從事研究二十年來，收穫非凡的一個學期。」

五十八歲的鮑伯・埃特和二十一歲的泰莉・史班格勒（Terri Spangler）就組成一對了不起的搭檔。鮑伯是化學博士，兩年前從莊臣公司（Johnson's Wax）的研發副總職位退休；泰莉是北卡羅來納大學阿什維爾分校的大三學生。鮑伯說：「我之前就希望退休後可以繼續服務。我擔任過很多種志工，但這是唯一一次我的科學背景可以派上用場。」合作過程中，鮑伯和泰莉針對專業設備，一起進行非常精闢的分析。

該計畫的大學生承認，一開始聽到這些退休科學家要來參與他們的課業時，都有些擔心。然而，現在泰莉大大讚賞這個計畫，她說：「這也是我退休後想做的事。」

你不必是科學家或商業領袖，才能在這個中心獲益。一位老年大學的成員說道：「我們班上幾個最聰明的人都只有高中畢業。」六十七歲的卡洛琳・羅森塔爾原本在紐約市和華盛頓特區擔任圖書管理員。她在阿什維爾附近的鄉下地區成立了讀書會。她回憶：「一開始，我還得說服他們來參加讀書會，現在，他們當中有許多人都打算參加老年大學的課程了。」

目前這個創意退休中心的規模是獨一無二的，但是曼海默相信全國各地都可以發展這樣的創意退休中心。該中心的預算大約是三十五萬美金——有一部分來自各大學和基金會的資助，以及學生繳的費用——成本相對低廉。曼海默表示：「只要有人願意投入，這些計畫是可以複製的。」目前已經有一些退休社區和政府顧問來觀摩過了。白宮政府把它列為布希總統的「一千個亮點」（1,000 Points of Light）之一。曼海默承認創意退休中心不見得適合每個人；有些人喜歡在院子種種花、打打高爾夫球、含飴弄孫，一樣可以過充實快樂的退休生活。但是所有退休人士都可以從它的哲理中學到很重要的一課，就如厄爾・希區考克說的：「如果你不知道退休後要做什麼，那代表你的想像力不夠豐富。」[1]

## 芬霍恩花園

蘇格蘭的芬霍恩花園（Findhorn Garden）是個高度組織化的靈性社區，三百位成員分別來自十多個國家。跟創意退休中心不一樣的是，成員沒有年齡限制，有嬰孩，也有八十多歲的老人，他們因為共同的目標聚在一起。芬霍恩的成員致力於照顧幾個花園，同時培養自己的靈性生活。很少人到了這邊之後，生命不曾改變的。治癒自己、治癒彼此，也治癒地球是背後的動力。如果說栽種的成果是證據，那他們在做的事顯然是正確的。

下面是《大地之母新聞》（*Mother Earth News*）的補充：

……花園學校提供為期三個月的課程，目的是帶領成員認識食用植物和花草的成長，更重要的是自己的成長。就像創辦人之一艾琳（Eileen）教導大家的，以人為優先。這個世界通常以經濟、工作、財富、政治權力為要務，比起一個人內心對愛和被接受的需求，更在乎「正確性」。芬霍恩花園這個簡單明瞭的態度，格外令人耳目一新。

1 Michael Ryan, "Here, They See Age as an Asset," *Parade*, July 14, 1991, 4-5.

這個社區目前占地超過半個露營車公園、好幾間平房、兩座莊園和一棟大宅（加起來約有十五英畝），還有一個舊火車站，跟赫布里底海（Hebridean）埃賴德島（Erraid）的管轄權……一九七五年，芬霍恩基金會（在艾琳很有遠見的計畫下）買下克魯尼山酒店（Cluny Hill Hotel）——現在稱為克魯尼山大學，作為舉辦各種教育課程的場所，每年的參加人數約有五千人。

現在的芬霍恩成員平均居住在這裡的時間是三年，這個社區仍一直把自己視為育苗床，希望這裡孕育出的社會文明觀念可以移植到世界各地。就連創辦人艾琳、彼得和桃樂絲也早就不住在這裡了。早在一九七一年，艾琳內心就有個聲音告訴她，社區的人太過倚賴她的想法，它給這個社區最後的訊息是「進到內心，去尋找你自己的指引」。桃樂絲在一九七三年回到故鄉加拿大，在那邊協助設立了洛倫協會（Loran Association）。

目前（雖說不斷變化是芬霍恩的密鑰），芬霍恩社區的三個主要管理部門為行政、教育，以及聚焦者與社區。「聚焦者」是來自三十七個單位的管理者，就像水流進漏斗一樣，他們匯集（而非支配）每個人在自己領域的能量。讓每個人的能量都有適當管道交流的主要工具叫「協調」（attunements）……部門成員手牽著手、閉上眼睛，經歷一種「團結在一起」的感受，時間通常不會太長，但是遇到較大的問題或意見分歧時，協調的時間就會長一點。

從很多地方可以看出這個方法的成效，例如社區發行的雙月刊《合一》（One）、優良圖書和錄音帶；擦得發亮的社區建築物；著重健康、口味花樣百出的餐點；該中心與世界各地衛星社區的網絡連結；以及聚焦者熱情開放的態度，讓初次來訪的客人立刻感到自在、不受拘束。

同樣令人印象深刻的，還有成員們燦爛的笑容和孩子般明亮的眼睛。整個社區洋溢著歡笑，沒有太多教條規矩，大家用各種古老和新穎的方式探索地球和居住其上的生物。他們的幽默，讓典型新時代的無趣與行話相形見絀。他們的談話，讓你意識到人們平常的溝通方式有多麼膚淺。芬霍恩或許不是烏托邦，但絕對是一個充滿活力，讓人感受到支持與歡樂，可在團體中盡情展現個人的環境。[2]

2 “Findhorn Foundation: A Bright Light in a Dark World,” *Mother Earth News*, published September 1, 1981, https://www.motherearthnews.com/sustainable-living/nature-and-environment/findhorn-foundation-zmaz81sozraw/

## 老年大學

尊敬年長者是中國固有的傳統。老年大學讓步入晚年的長者重返校園，不只是繼續正規教育，也發展他們一直以來無處發揮的才能，同時找到一群跟他們同樣有活力的年長者作陪。下面是發表在《紐約時報》的文章。

### 一百零二歲重返校園的老學生

錢立坤（Qian Likun，音譯）是位模範大學生，課業及運動兼顧，認真向學。他課業表現優異，參加競走比賽，而且從來不為穿迷你裙的女生分心。

錢先生的歲數是大多數大學生的五倍。他已經一百零二歲了。課程內容進行到一九〇〇年的義和團事件和一九一一年清朝滅亡時，他勝任愉快，因為他對這些歷史事件記憶猶新。

錢先生念的這所老年大學位在長江沿岸的武漢，目前有八千名學生。這所學校成立於五年前，屬於中國八百個老年人網絡的一部分。所有網絡都是在過去八年內設立。敬老一直是中國的傳統，他們為老年人安排的這些計畫，令發展中國家相當敬佩。有些中國村莊甚至提供「給年長者的住所」，讓沒有孩子依靠的長者居住。大部分的城市都有提供給退休市民運動健身、娛樂和進修的場所。

## 向美國人的提問

「為什麼要把父母送到安養機構？」這是中國人經常問美國人的問題，為什麼這麼富裕的國家不能為老年人多做點什麼？這些問題帶有一絲責備，但更多的是，對我們的不守孝道感到不解。

武漢老年大學的副校長陸建業（Lu Jianye）說道：「我們想要幫助老人獨立，這樣可以減少一點他們對家人跟社會的依賴。我們也想讓他們對社會有多一點貢獻，發展像是藝術、書法，甚至按摩之類的興趣，讓他們享受晚年生活。」

這所學校的學費一學期不到五塊錢美金，提供的課程多達一百二十三種，包含繪畫、迪斯可、書法、橋牌、烹飪、英文、文學和老年保健等。

**椅子旁的拐杖**

武漢人大都識字，但是該大學還是在鄰近社區安排了課程，教導那些沒上過學的老年人（大部分是女性）識字、寫字。

中國人口高達十一億，其中達退休年齡（男性六十歲，女性五十五歲）的約有一億一千五百萬人。接下來這幾十年，隨著嬰兒潮世代步入晚年，以及生育計畫導致年輕族群的人數下降，老年人占的人口比例將急遽上升。

在最近一次拜訪中，我見到武漢老年大學裡到處是活力十足的學生，有些人的座位旁放了拐杖，大家熱情地評論對方的畫作、背誦英文句型或是賞析古詩。

五十六歲，最近剛從職業歌手退休的顏冰（Yan Bin，音譯）說道：「我們不想要變成老糊塗。」她和三位同伴在切磋橋牌技巧。這是鄧小平和無數中國老年人最喜歡的撲克牌遊戲。

六十四歲、滿頭白髮的退休醫生穆有清（Mu Youqiing，音譯）則說：「我過去沒有打過橋牌。這是很高雅、有文化的活動，在中國的歷史悠久。」

## 給大腦一點刺激

五十六歲的邵康夫（Shao Kanfu，音譯）是四個人當中年紀最小的。這位很早便退休的瘦高男士補充：「我想要照顧好我的身體，給大腦一點刺激。」

在中國，大部分老年人都跟子女同住，經常負起幫忙照顧孫子的責任。老年大學的課程通常開在上午和下午早一點時，這個時間家裡的小孩都還在學校上課。

除此之外，考慮到有些老人出門不方便，該大學在武漢的住宅區設有十三所分校。學校的經費來源除了學費，還有政府的慷慨資助。教師多是附近大學的教授，他們都很樂意從事這份收入不高的兼職工作。

一位在老年大學分校教授中國文學的國中老師周武（Zhou Wu，音譯）說：「授課內容沒有一般大學的程度高，我們也不會像教年輕學子一樣那麼深入。但是這些老人家非常有熱忱，為教室帶來不同的氣象，所以教他們往往比教一般學生來得有趣。」

## 跟著「趣味長跑」湊熱鬧

一百零二歲的錢先生是周老師最向學的學生之一。他是退休的農業研究員，每一堂課都認真預習，經常提出犀利的見解。有一天，周老師在黑板上解析一首詩時，他指出：「這首詩以唐朝的標準來看不算好，但是比任何一首現代詩都要好。」

錢先生自己走路上學，聽力和視力還可以，多數時候都跟得上老師的上課內容。他上的第一門課是老年保健，他認為那門課讓他照顧太太時受益良多。他的太太幾個月前過世了，享年一百歲，他八十一歲的女兒健康狀況並不好。

今年春天，學校舉辦了「趣味長跑」，約有三百位老人跑完了二・三英里的賽程，錢先生是其中一位。但是工作人員承認他的速度確實像是蹣跚而行，不是慢跑。

錢先生很喜歡中國古詩詞，被問到最喜歡的詩句時，他幾乎毫不猶豫地背出下面這首詩：

雲淡風輕近午天，傍花隨柳過前川。
時人不識余心樂，將謂偷閒學少年。[3]

## 永遠的人性

最後一個例子，跟前面舉的三個例子有很大的不同：它不是一間機構，而是一個人隨著生命歷程為自己建立的關懷團體。許多人已經建立了這種互相關照支援的網絡，但是所有人都可以進一步提升這樣的個人生活圈與人際關係。大衛透過幫助他人並照顧好自己，發展出一個令人欽佩且值得仿效的關懷團體。

八十六歲的大衛確實並非一般人。然而，許多一般的長者，特別是女性，都在周遭建立了類似的關懷團體。大衛的「善行」通常並非有意為之，而是臨時起意、未經安排。這些善行讓對方覺得自己是有價值的人，雖說無意為之，但是從大衛想要做好事、對他人存善念的角度來看，也可以說是有意為之。

大衛為當地社區服務了四十多年，在許多事情上，像是租金控制和減少學校的班級人數等付出了努力，也為草根性的組織工作許多年。

---

3 Nicholas D. Kristof, "At 102, He's Back in School, With So Many Life Him," *New York Times*, December 6, 1990, A4.

大衛有一種將冷淡的第一次接觸轉換成人脈關係的能力。他無法接受在街上遇見一個人，卻不知道他叫什麼名字、做什麼工作。他會立刻和這個人交談，以溫暖誠懇的態度詢問對方：「你是從哪裡來的？從事什麼樣的工作？喜歡這份工作嗎？從事這份工作多久了？」幾分鐘後，這不再是兩個陌生人之間的交談，而是彼此尊重、互有好感的兩個人之間的互動，最後為自己，也為彼此留下了良好的感覺。就像這樣，不管是在國內或國外搭火車旅遊，大衛都可以跟坐隔壁的人相談甚歡。旅行結束時，他往往已經跟對方成為朋友；有時這樣的友誼可以維繫一輩子，他們甚至會到彼此家中作客。

因為這樣，他跟他的管家成了朋友和知己。他對待學生也是如此。多年下來，很多學生都成為他的朋友，他也持續和他們保持聯絡。他曾經免費提供他家樓上的公寓給許多人住。其中一人，在大衛車禍嚴重受傷、失去自理能力時，特地從德國飛過來陪大衛住了幾個星期。準備離開時，他告訴大衛，如果大衛需要他，他可以把工作辭掉。這是大衛在朋友身上激起的愛與無私的奉獻。還有一對曾經住在他家公寓的夫妻，很快跟他培養出親子般的感情。他們每天關心他，溫暖地照顧他。

因為他的付出，別人也樂意為他付出。由於他對別人敞開胸懷，別人的胸懷也願意為他敞開。他照顧他人，以溫暖和愛對待他人，所以他們給予他同樣的回報。他與一百多個人建立了友誼。他希望他們與他保持聯繫、經常造訪，當對方這麼做時，他也不吝表達喜悅和感激。他散發的真誠溫柔吸引他人與他親近，因為大家都感受到他真實不虛的關心。跟他相處會讓人特別有安全感，覺得自己備受珍視。最重要的是，他尊重每一個人。對大衛而言，沒有什麼膚淺的接觸，他總是一股勁兒地慷慨待人。因為在當地及散布世界各地的人際關係，大衛建立了一個以他為中心、範圍很廣的關懷團體。

除了這些友誼，大衛也和幾個兄弟姊妹、姪甥保持親近的關係。其中一個外甥更是他永遠的好幫手，隨時關注他的情況。

我在一次訪談中，問大衛有什麼建議可以提供給年輕人，他回答：「跟隨你的心，從經驗中學習。」是什麼讓他與人建立深厚的情感呢？他說：「我想是與所有人共享的人性。我不會自吹自擂，覺得自己比別人優秀。我對高傲自大反感。他繼續提到，他不會對任何人持有偏見，這幫助他更瞭解他們。他樂於幫助別人，因為他自己也走過許多必須克服的難關。為此，他深深同情那些在生命中遇到許多風雨、必須忍受各種苦難的人。他說：「我一直對處於弱勢的人很有感覺，也對其他人的生命故事感到好奇。我認為大部分的人都是寂寞、沒有自信的。但同時間，他們都擁有等待被發現的潛質，可以彌補自身的不足。我會這麼認為，是因為我年輕時也是缺乏自信、沒有安全感。這喚起我的認同與同情。我認為我有責任在能力可及的範圍，幫助這些人彌補生命中的不足。我跟這麼多這麼好的人相交，從他們身上得到快樂，這是我應該做的回報。我喜歡有人作伴。有時候我會想，這當中不知有多少成分是因為我想要他們喜歡我。活得愈久，看到的苦難就愈多，我的深層感受也愈強。我很驚奇，我還能有這樣強烈的感受。」

大衛還說：「我依附於他人，也藉著持續關心他人，鼓勵他們依靠我。」大衛總是問自己：「我還可以怎麼幫助別人？」當他聽說有外國學生需要地方住，便提供自己的家給他們。有時可能只是住個幾天，有時一住就是幾個月。大衛繼續解釋：「我就是喜歡人。我對他們遇到的問題感同身受，我想要為他們做點什麼。我懷疑我這麼做，有部分動機是想要博得好感。這麼做會讓別人喜歡我，願意跟我往來。我認為這是因為我不想重蹈我父親的覆轍，他的生命永遠以金錢為中心。我更像我母親，她心地善良、溫柔、善解人意且和藹可親。年輕一點時，我自認不是那麼好的人、不值得被喜歡。所以，現在我可能是在彌補我的過去。」

我繼續追問大衛，他怎麼看待自己。他說：「我不會特別花時間評價自己。我認為我是個好人，正派、慷慨、知識淵博、個性衝動、沒有原則、有點被寵壞，但是我不會自視過高。」他也承認他自認是個品德高尚的人。對他而言，這指的是有能力與人親近。他一直到三十多歲結婚後才達到這個境界。他說：「對我來說，成為一個高尚的人，必須誠實、正直、擁有良好的社交關係、不說謊、不貪婪。然而，我也有成為偽君子的潛能。我會受到誘惑，去做我不該做的事。但是我也意識到，做那些不該做的事而被責罵，只是出於幼稚。因此，我通常可以堅守良好道德的底線。」

總而言之，大衛因為對他人真誠地關愛與付出，將生活圈擴大到提升生命的境界。

❖

我們這裡討論到的，只是眾多關懷團體中的四種，每一種都有它的特色。有些團體是經過制度化，有些則是自然形成。有些是基於共同的理念或事由而成立，有些則圍繞在持續學習和幫助他人的共同心願。每一種都有它獨特的方式，只要是真正互相關懷的團體，就能讓參與者覺得有意義，與他人產生連結，同時提供一個將生命中的收穫回饋他人的管道。如果整個世界都是建立在這樣的關懷團體之上，我可以想像我們能夠實現多麼令人敬畏的人性願景。

國家圖書館出版品預行編目資料

用創意享受銀髮人生：《最後14堂星期二的課》墨瑞教授談老年智慧／墨瑞・史瓦茲（Morrie Schwartz）著；張瓊懿譯. -- 初版. -- 臺北市：大塊文化出版股份有限公司, 2024.02
320面；14.8×20公分. --（mark ; 190）
譯自：The wisdom of morrie : living and aging creatively and joyfully.
ISBN 978-626-7388-35-8（平裝）

1.CST：史瓦茲（Schwartz, Morris S.） 2.CST：老年
3.CST：人生哲學 4.CST：傳記

191.9 112022716

LOCUS

LOCUS

LOCUS

LOCUS